不忘初心方能始終
壬寅年 小滿 蘇逸玲

春風煦日之「白衣大士」

✳ ✳ ✳

　　蘇逸玲督導口述、陳本瑜撰文的《醫者誓言》一書，敝人很榮幸可以先睹為快。首先，讀者可以發現書中的目錄層次分明，標題精準，很容易找到自己感興趣的內容。

　　第一章，蘇逸玲回顧了自己的醫護濟世之路，從初入職場到在台北榮總照護部門的推動和成就。第二章則關注愛滋防治和安寧照護，描述了蘇逸玲在台灣愛滋病照護和安寧療護方面的貢獻，並分享了11個愛滋患者的感人故事。第三章至第六章涵蓋了蘇逸玲的童年回憶、求學時期、情感經歷以及她與佛教的關聯。第七章則介紹了她投身安麗事業的心路歷程，第八章則探討了她追求身心合一的靜坐體驗。

　　這本書通過細膩而生動的文字，活靈活現地描繪了蘇逸玲的人生旅程和她在醫療護理界的貢獻。讀者可以從中感受到她對病患的關懷、對生命的敬重以及對自我成長的堅持，認識一種社會關懷和人道主義的典範，值得一讀。

　　敝人雖然早在我們的大學年代就認識蘇督導，也曾擔任她與王師兄之佛化婚禮的司儀，拜讀蘇督導如是深厚的生命故事，才比較了解她舉手投足間自然流露撫慰病人與家屬之力量的孕育歷程。例如：多年前，有位在我們寺院準備出家的行者，因為協助處理被颱

風吹倒的大樹，意外被壓到腹部，傷到肝臟而送醫院。雖然醫院再三解釋復原是需要時間，病人與家屬對於為何無法迅速止痛的問題焦慮，似乎大家日夜不安，束手無策。

我當時想到或許可以聯絡蘇逸玲督導，看看她是否可以幫忙。她「尋聲救苦」，立即趕到，同時帶來許多安麗的營養醫學產品，熱心地教導家人按摩病人那些部位，以及各種營養品的功效，以減輕不適。蘇督導的慈顏善語、方便善巧、和藹可親的攝受力，猶如春風煦日，溫潤安定整個病房，真是「白衣大士」。

藉著這本書，我們可以更深入地了解蘇逸玲督導這位台灣醫療護理界的菩薩，並從她的經歷中獲得啟發和感悟，連催生這本書誕生、具護理背景的慧觀法師都隨喜讚歎蘇督導：「我們以您為榮。」敝人似乎感受到慧觀法師覺得：蘇督導完成了她原來想奉獻護理界的心願。

希望這本書能夠啟發更多人關注醫療護理領域，並激勵更多人去關愛他人、傳遞慈悲與溫暖。讓我們一同致敬蘇逸玲，感謝她的奉獻和勇氣，並在她的故事中找到自己的力量和勇氣，常思「如果不是我，那會是誰？」成為「有用的人」！

釋惠敏

（西蓮淨苑住持／法鼓文理學院前校長／
國立台北藝術大學／法鼓文理學院名譽教授）

護理勇將，佛門護法

蘇逸玲督導長出了一本生命之書，因緣不可思議！

✻　✻　✻

一、佛前發願

　　弘一大師於1918年農曆七月十三日（大勢至菩薩聖誕）出家，2018年正好出家一百周年。台北弘一大師紀念學會參與無盡緬懷，其中「雲水戒香・百年清涼」之「主題展覽」與「專題演講」，也認真籌辦。專題演講有十幾場，陸續進行。講座六9月1日（六）講者：蘇逸玲督導長。講題：現代安寧療護發─臨終助念以弘一大師為典範。講座九9月7日（五）講者：紀潔芳教授。講題：《護生畫集》特色與推廣模式之探討─以台灣為例。7日這天大合照後，紀教授建議蘇督導寫書，將臨終關懷的寶貴經驗傳承下來。我、法若法師、紀教授等，請蘇督導到佛前發願，並衷心祝福她：生命之書，開筆大吉！

二、愛滋故事

　　三年後，2021年10月，蘇督導傳來「自序」，並寫了11篇照顧愛滋病患者的生命故事。

　　每個故事，都深刻在教育我們！我想，要再加哪些內容，來呈現「國寶級」督導長對「愛滋」與「臨終關懷」的卓然貢獻？於

是，跟她提及可以增加：1. 赴美學習，愛滋娘姆。2. 臨終關懷，設往生室。3. 醫療貢獻，得獎鼓勵。還有，再想想……因為加這些內容，會讓故事顯得更有意義。督導虛懷若谷，表示正好也在蒐集這些資料。我們還討論到編輯、出版與邀請寫序的相關事宜。

我陸續想到，護持曉雲法師、陳慧劍老師往生。還有護持夢參老和尚……11 月，關心大文進行如何，鼓勵她選很想寫的單元下筆，並預祝文思泉湧，益世利人。她說，先寫一個輪廓了。

三、寫成傳記

接著，她說，正在寫跟曉雲法師的因緣。12 月，她興奮表示：太棒太棒了！現在用錄音的方式錄到電腦，就不用一個字一個字寫。我勉勵她：下筆成文，出口成章！2022 年 3 月，她匯報進度。說我交代的，她已經著于在寫，分為 10 個章節。從小學一直到高中、大學、作事，在榮總的事情，學佛的經過。……計劃年底完成。盡量蒐集照片。我祝她：早日問世，利益眾生！

6 月，她匯報完成二分之一，有 4 萬字。每個禮拜都有進展。2023 年 1 月，她和陳本瑜小姐約我見面。原來請到一位撰文編輯了！4 月，寄來初稿。簡直是傳記了！非常精彩！隨喜讚歎，感佩萬分！

四、關懷慧老

2001 年 4 月 11 日，廖麗玉秘書長電話，說老師在榮總住院；12 日下午，通知病情緊急。我請蘇督導就近關懷，邀慧融法師陪我前往探望。督導竟然還在醫院！我說：下班了，您怎麼還沒走？她

說：您還沒來，我不敢走！

　　她帶我們進去加護病房時，已有念佛機放出佛號。我們向醫師確定不急救，要念佛求往生。醫師表示，這針滴完，若沒見效，就差不多了。我隨即跟老師說：「老師！您對國家、社會、佛教貢獻很大，功德無量！您的大作《弘一大師傳》，度化無數人學佛。您的名言：『只要是弘一大師的事，我都願意作。』讓我們隨喜讚歎。現在，功德圓滿，我們陪您念佛，您可以親見阿彌陀佛，追隨弘一大師。願您上品上生，華開見佛，乘願再來，廣度眾生。……」

　　慧融法師、廖秘書長、碧婷秘書、蘇督導、聶紹勤，和老師長公子弱水、長媳婉窈、女兒無憂……我們一心念佛，深信老師必蒙佛接引，往生西方。督導陪我們護送老師到往生室，法鼓山法師帶領蓮友、西蓮淨苑蓮友、故宮唐瑜凌居士帶領蓮友、台中蓮社黃泳主任帶領蓮友、侯秋東教授等陸續趕來虔誠助念。督導第二天早上，還來帶領家屬為老師淨身。

五、祝壽義診

　　2013年7月9日，夢參老和尚百歲壽誕，供千僧法會。台灣佛教僧伽醫護基金會，在五台山舉行4天（10-13日）義診。希望將台灣經驗傳遞到海峽彼岸，使更多老病僧眾受惠。慧明法師提前至大陸奔走聯繫，會務同仁忙於接受彼岸法師報名、醫護人員招募、中西藥品醫療器材籌辦、向彼岸政府機關行文報備……蘇督導一定得參加！

　　除了台灣醫療團隊，更有山東中醫藥大學、山東省中醫院團隊。近千位法師接受服務，醫師、護理師、藥師、醫檢師、志工……要去百餘人共襄盛舉。

　　為什麼蘇督導一定得參加？因為夢參老和尚來台灣，醫療問題全由她用心安排。老和尚高壽百歲，她護持健康，功德無量！

　　老和尚來台弘法，很多人都會去恭敬拜見。我每次要去，就約蘇督導。

六、陪伴家人

　　蘇督導的同修王師兄2017年6月住院。不想讓人探望，只請惠敏和尚開示，並約和尚臨終能助念開示。和尚有出國講學行程，安慰他信願念佛，一切隨緣！

　　我邀慧平法師，學作不請之友，請督導安排探望王師兄。到病房，發現學護理也在榮總上班的月瑩，請長假照顧父親，非常感動！我們、督導、月瑩，陪著王師兄生命回顧，讚歎善行，迴向西方！王師兄說：我痛的時候，是哭著念阿彌陀佛！出自肺腑的呼喚，深信阿彌陀佛聲聲皆聞！寫著「王哲雄」名字的蓮花，也必微妙香潔，欣欣向榮！

　　王師兄8月14日往生，慧平法師、慧夏法師和我去榮總助念。當中，知道了他與督導「義不容辭」大力護持曉雲法師興辦「華梵大學」的感動故事。慧夏法師聯絡很多團體來輪班助念。功德圓滿，自在生西！告別式，來了很多人，我與慧平法師也隨惠敏和尚前往。

學姊趙可式博士致詞，親切慈悲！（聽說陳榮基院長夫人周照芳教授，在一次臨終關懷研討會上，提起：我有兩個得意門生一個當修女一個當師父，當修女的是趙可式博士，當師父的是慧觀法師。）月瑩、月輝、月照三姊妹〈永遠微笑的爸爸〉紀念文，爸爸在阿彌陀佛那裡，悉知悉見，必會心含笑！

七、參加弘會

2017年10月杭州師範大學弘一大師‧豐子愷研究中心主辦第六屆弘一大師研究國際學術會議。台北弘一大師紀念學會組團參加，一行二十人。帶蘇督導與好友吳彬安院長、許英華夫人、陳玉雪護理長也同行。會議在西湖邊賓館舉行。一早合影，即往虎跑寺禮弘一大師塔。論文二十六篇，篇篇嘔心瀝血。

陳主任領導有方，瞿紅副主任、劉晨教授、凌清涼博士、潘建偉博士等，與會認真，隨喜讚歎！ 全程為杭州、平湖、蘇州、上海（汶娟、莉娟居士同行至上海）、青島、濟南。

★**平湖：**參禮李叔同紀念館。頂禮弘一大師像，恭誦《格言別錄》，聆聽展廳敬業導覽，瞻仰大師墨寶真迹《阿彌陀經》、致劉質平函。

張育民前館長、王維軍副館長、錢江鴻副館長、許士中老師、張成國院長、趙樂老師等，熱忱招待。參訪趙樂老師之「音樂小鎮」，隨喜其發揚弘一大師音樂精神。

★**蘇州：**參觀慈濟門診部。院長李超群全區導覽，他也是國防學長。參禮靈巖山寺。監院瑞兆法師引領，瞻拜印光大師塔院。參

禮報國寺。方丈真心法師讓我們晉謁「印光大師關房」。

★**上海**：參訪交通大學（前身南洋公學）。導覽「校史博物館」，瞻仰「弘一大師銅像」，隆重座談會。拜訪劉雪陽老師（平湖紀念館墨寶捐贈者，名譽館長），雪陽招待大家午齋，正好是重陽節。朱顯因、崔東明居士陪同，參觀日月樓。拜訪豐一吟老師，回憶往事，唱〈送別〉等歌。

★**青島**：參禮湛山寺。方丈心見和尚、佛協程秘書長與本團座談，提及弘一大師講律80周年紀念。帶領瞻仰大師住處、倓虛大師住處、大師講律處等。

★**濟南**：參訪山東中醫藥大學「博物館」、天下第一泉「趵突泉」、「樂家老舖」及「宏濟堂」，登「泰山」而小天下。

　　此行圓滿，諸佛護念！菩薩加持！弘公攝受！回來，邀蘇督導擔任弘一大師紀念學會理監事。因此，有了2018年的講座與發願。

八、與有榮焉

　　高中聯考要先填志願時，同學王松嵐的母親正好去榮總看門診，回來說：榮總門診的護士，很親切！很熱心！我有女兒學護理多好！為滿王伯母的願，我和松嵐優先選護理。結果，松嵐讀高醫護理系，我讀台大護理系。最高興的是王伯母，逢人就說：我有兩個女兒讀護理！（負笈就讀北二女時，家窮，還是大妹犧牲初中讓我升學。高一下來，營養不良，生病。松嵐跟她父母提起。伯父母

慈悲，供我在他們家吃住兩年，收我當乾女兒。）

　　我也同時考上國防護理系。父親聽姑丈說：國防是軍方，反攻大陸時，會調去前線野戰醫院。父親考慮安危，決定再艱苦也要供給學費讓我讀台大。我很敬佩讀國防要出生入死，但為讓父親放心，台大也可以貢獻國家，就選擇讀台大。我以為護理系很空，要選擇一門深奧的學問來研究。新生訓練時，同學謝德清來找我，報名晨曦社學佛！

　　雖然沒讀國防，我和蘇督導仍因學佛而相遇。有一次到榮總找她，走在路上，不時有人與她打招呼、說話。看得出來，這些人可分兩類，一類要拜託她，一類是感謝她。

　　本來，對她的愛滋照顧、臨終關懷、護持法師……已經讚歎無盡！看了他的傳記，對她的積善家世、事親孝行、敬業樂群……又更隨喜萬分！

　　國防是有軍階的，她是名符其實的護理勇將！親近三寶，她恭敬慈悲，還作了盡心盡力的佛門護法！與有榮焉！樂意述之。

佛曆2567年（西元2023年）結夏安居中

釋慧觀

（西蓮淨苑書記／弘一大師紀念學會名譽理事長）

為逸玲的甘甜人生鼓掌

有幸先拜讀《醫者誓言》大作，內心感動萬分。逸玲是台灣「愛滋照護與防治」先驅，也是榮總「安寧緩和醫療」推手！更是我與同修周照芳的長年好友。逸玲在榮民總醫院，照芳在台大醫院，都是台灣護理界的領導人物，我們有幸在佛教蓮花基金會，共同推動善生善終的安寧緩和醫療。

我們陳周蘇三家都出自佛教家庭，逸玲與照芳的父親都是新竹的名醫也互為好友。如同逸玲所說：「我這超過一甲子的人生，一路走來總希望『成為有用的人』，所以當周遭的人有需要，我常常二話不說，立即甘心承受，也不論自己是否準備好，也不多想是否真有能力達成，沒想到，佛菩薩疼惜我這份傻勁與膽試，不僅讓我一次次把任務完善達成，還默默地讓我走出一片繁花似錦，讓我在幫助他人的同時也成就了自己！感恩感恩！」令人感動。

逸玲照顧一位愛滋病人時，她說：「這位病人自得知罹患愛滋後，始終深怕家人知道、不得諒解，前後隱瞞了8年之久，甚至臨終前，也天倫交戰著、無法放下，為了安撫他的心，我想方設法邀請他的家人齊聚，藉由『四道人生』道愛、道謝、道歉、道別層層引導，終於讓他和家人，尤其是父母親，放下心中的巨石，雙方不留遺憾，圓滿地畫下人生句點。」也相當感人。

　　她提到：「『臨終關懷』對我而言，並非自踏入臨床照護便熟悉的領域，而有一段感恩的認識機緣和學習歷程，這期間，尤其感謝兩位分別引導我進入安寧療護及佛教臨終關懷領域的啟蒙老師—趙可式博士（天主教徒）與陳榮基醫師（佛教徒）。是他們讓我學習到死亡可以是非常地平和，當病人面臨醫學已無法扭轉其頹勢時，如何鼓勵病人與家屬平實地接受不可避免的結果，如何無憾地走？而這些問題，其實也是我們醫護人員所共同學習的課題。」讓我深感榮幸，也覺背負著一份使命。

　　書裡也寫道：「佛教蓮花基金會開創在地化佛教臨終關懷，陳榮基董事長落實佛法：信、解、行、證，為榮總『安寧病房』催生。」其實，若沒有她的「願」，豈有我們這般的「力」，能讓此事圓滿達成？！

　　我很榮幸，在 1995 年台大醫院安寧緩和醫療病房開幕典禮時，邀請到當時台北榮總程東照副院長來參加。而半年後，他晉升院長，也立刻開辦榮總的安寧病房，並推廣到所有的榮民醫院！

　　逸玲在榮總照顧愛滋病人，照芳也在台大聘請美國來的護理師—林惠仁修女，熱心照顧愛滋病人。這兩位在台灣愛滋病防治史上的先驅也都因此獲得國家醫療奉獻獎，留下人生扉頁最燦爛的篇章。

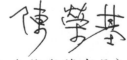

（佛教蓮花基金會榮譽董事長）

女中大丈夫的俠女——蘇逸玲

✳　✳　✳

這本紀述了蘇逸玲甘甜人生的著作，可能是全臺灣第一本、也是唯一的一本護理人員的自傳了！那麼此書的價值在哪裡呢？

第一：作為護理專業的典範學習

現在全臺灣甚至全世界都缺乏護理師，因為護理的工作非常辛苦，相對的成就感與意義感也不高。但是逸玲一生半世紀在護理專業的崗位上樂此不疲，而且充滿了熱情、成就感與意義感。她不但以身為護理師為榮，而且她的女兒也因為看到媽媽如此快樂，所以三個女兒中兩個也成了護理師，就可見她對家庭的影響與教養。在臺灣護理這一行的社會價值並不算高，許多護理人員是做一行怨一行。但是逸玲卻是以身為護理師為榮。給我們的啟示是，如果能夠敬業樂業，那麼當樂在其中時就會做一行感恩一行，書中充分的交代了逸玲如何在護理生涯中的 足與喜樂。因此，讀了此本自傳，護理人員可以獲得大啟發，並從中典範學習！

第二：彰顯熱誠助人的可貴，成功做人與做事

有人說作為護理師需要一個特質，就是很雞婆，逸玲有很 明的雞婆個性，只要任何人求助於她，不管多困難，她都會全心全力的施予援手，而且因為她的熱忱與鍥而不捨，常常也把很困難的問題

解決了。

逸玲的座右銘是：「如果不是我，那會是誰？」這種捨我其誰的承擔，造就了她的甘甜人生。從對自己小家庭的貢獻，到工作醫院的小社會，到大社會，她都是懷著這種承接託付，盡心盡力完成託付的助人之情。

一個人做人及做事的成功或失敗要如何評論呢？吾人以為可以從以下三方面來看：

- 當別人有困難有需要幫忙時，是否會向他求助？
- 在他的本分崗位上，是否能受到器重與尊敬？
- 能否自覺與自省自己的不足之處而能不斷成長？

本書中，逸玲說道：「承接託付，且盡心完善。一路走來總希望『成為有用的人』，所以當周遭的人有需要，我常常二話不說，立即甘心承受，也不論自己是否準備好，也不多想是否真有能力達成，沒想到，佛菩薩疼惜我這份傻勁與膽識，不僅讓我一次次把任務完善達成，還默默地讓我走出一片繁花似錦，讓我在幫助他人的同時也成就了自己！」從她多次獲得各種獎項，就知道她做人做事的成功了！

以我個人的經驗，因為我很怕麻煩別人的個性，當遭遇困難時，常自己硬撐也不希望去煩擾別人，但逸玲就是能發現我的困境並主動施予援手，這種及時雨也就是她做人作事成功的重要原因。

第三：與所照護的病人生命共融，因而產生存在的漣漪

逸玲寫道：「當寫完這11個故事後，在慧觀法師的提點和鼓

勵下，我憶起曾做過不少有意義的事，那一段段生命的過程，那認真付出的每個當下，確實改變當時的一些人、一些事，更造就自己的不斷蛻變與成長，即使不為流傳千古，只為紀念曾發生的種種美好，我也應該完成這本屬於自己、獨一無二的書！」作為一位護理師，最深的意義感，在於與病人的生命共融，因而產生存在的漣漪。那是無價的賞報，無與倫比的喜樂來源！書中動人的描述：「寫下照護愛滋病人30年的經驗與看過的故事，心中不由得升起一股強烈的使命感，於是我懇求佛菩薩加持完成此事，也不枉費這一路用生命走出的助人成果。寫下一篇篇故事的同時，一個個愛滋病人的面容、情境及忐忑不安的家屬，如走馬燈在我眼前浮現，無論個人的痛楚孤單、家人之間的衝突難容，在生命走向盡頭的時刻，最終都一一和解，交織成至情至性的溫暖畫面。而這些人、這些事在我數十年的護理臨床照護歷程裡，也都是至為深刻的生命教導，其實，在我付出心力的同時，他們也成為我塵世的老師。」

身為護理師何其有幸，能夠參與有血有情有淚活生生的生命故事，豐富了別人及自己的人生。到了退休的年齡，回憶中充滿幸福與滿足感，才會想寫一本自傳，將眾多病人老師的刻骨銘心教導融進自己的血脈，與所照護的病人生命的共融，因而產生存在的漣漪！

讀完本書深深體會到作者逸玲所展露的俠女風範，就如同護理專業的鼻祖南丁格爾女士一樣，為了病人的福祉，可以不畏惡勢力據理力爭；但照護受苦受難的病人時，卻是百般溫柔。

而她能如此堅持及勇敢的背後力量，源自於虔誠的佛教信仰，

是深厚的信仰造就了她悲 的心。世間眾人只有極少數會寫出書面自傳，但其實每一個人活一生都是用生命在寫他自己的自傳，逸玲這本自傳也給所有讀者一個啟示：精彩地活一生！然後為自己寫一本自傳，以彰顯自己存在的意義！

趙可式

（國立成功大學名譽教授／台灣安寧療護推手）

直下承擔的逸玲

❖　❖　❖

常聽人說當機會來臨時，你已經準備好了！這句話用來形容逸玲很貼切的。逸玲是一位愛學習又善於學習的人，她的學習態度非常認真、非常踏實，期盼自己能培養獨當一面的能力，能學以致用，能有所建樹。

逸玲生長在書香家庭，父親是留學日本的醫學博士，以仁心仁術行醫，給孩子非常好的言教、身教及境教。母親家人曾有長輩在朝為官，有大家風範。逸玲小時候全家人和祖父母及大伯一家人住在一起，在大家庭長大的孩子通常心胸較為開闊，包容力也較大。

祖父經商，期盼每個子孫都能有骨氣。祖母有超高的生活智慧及 EQ，也是朱子家訓「黎明即起，灑掃庭除，要內外整潔……」實踐者。早上一起床就帶逸玲掃地，連角落縫隙都掃得乾乾淨淨，又教逸玲做買賣、秤斤兩、學算帳；還要拜神敬佛及供水果等。很重要的，還要學習煮飯、烹調、刺繡及縫補，使得逸玲手巧，無一不精。想不到這一手好手藝，在她當新嫁娘時都派上用場，深得公婆稱讚及疼惜。

有關學習方面，非常重要的一次是奉派到美國，學習對愛滋病人的照護及防治。在兩個月期間，從美東到美西，馬不停蹄、日以繼夜學習對愛滋病人的身心關照、病房的器械設施、制度規定、並

搜集各種表格，甚至連鼓勵標語都沒有漏掉。回國後，一一設置完備，一人學習，千萬人受益。在往後20年逸玲做了將近2000場的講演及培訓，連海峽對岸都來邀請他去培訓醫護人員，實在是功德無量。

另外在安寧療護及臨終關懷方面，逸玲直接跟著第一流的老師，趙可式教授及陳榮基院長學習，並在榮總設置大德病房，讓許多癌末病人得到安和的照顧及安然往生。

在怡情養性方面，創辦書法社及長期練習超覺靜坐，幫助她和人們身心平靜，這些成效是可以看的到。

眼前我們看到一座座的獎牌，那都是受獎者在背後不知付出了多少的心血及辛苦，談何容易！

逸玲是新時代的女性，有很多前瞻性的想法，但他也有傳統女性婦德、婦工、婦容、婦言的美德。如人所說：「拜佛，先從照顧家中的活佛做起。」逸玲新婚滿月，就接中風的婆婆來家中照顧，早上準備豐盛的早餐，招呼婆婆和孩子，中午和先生商量好，輪流回家陪婆婆吃中飯。下班後回家，先幫婆婆洗澡，再打理晚餐，等把一切事情做妥，都快九點了。爾後公公中風，也接來一起照顧，前後約有二十年，她也甘之如飴。逸玲和先生互相成就彼此所要的人生，愛我所愛，無怨無悔，令我們敬佩。

逸玲新書即將出版，書名《醫者誓言》，或問，難道逸玲的生命中沒有苦痛嗎？當然有！但慈悲及大愛超越了苦痛，苦痛是能轉化的。生命意義大師弗蘭克曾說：「人為意義生，人為意義死，當你受苦時，去找意義，當你找到意義時，則苦不為苦」，逸玲是非

常珍惜生命中的每一個當下、每一個機緣,而直下承擔,所以他的
生命是圓滿的、是有意義的!

　　祝福你!好朋友!

紀潔芳

（彰化師大退休教授／台灣生死教育推手／
蓮花基金會志工課程老師）

逸玲是台灣護理界典範中的典範！

❋ ❋ ❋

　　從追隨恩師周美玉將軍學習英文，認識逸玲迄今已將近50年，其中包括在台北榮總與逸玲共事超過10年的時光，應該算是老友了吧？理所當然，我覺得還蠻了解她的，及至看了《醫者誓言》這本書，才發現逸玲還有太多讓人敬佩、足以學習的優點與長處，也更加理解到人在成長過程中，周邊環境、經歷的人物對個人影響是多麼地深遠！

　　逸玲在書中特別提到：幼年時阿嬤以三字經當中的「勤有功，戲無益」教導她，同時在日常生活裡，以身作則地帶領她做家事、習女紅，這種需要耐心、認真、一絲不苟的工作態度與精神，相信正是奠定她護理專業成功的基礎。許多民眾或許並不了解，護理專業基本上分成內外科護理、婦產科護理、小兒科護理、精神科護理與社區衛生護理五大科，當然可能就更難以分辨這五大科之下分別還有更細的次專科。不同於一般的護理師，逸玲擁有以感染控制為奠基的愛滋病患照 以及安寧療護兩項次專科的專長，非常不容易。

　　在愛滋病仍被視為《20世紀黑死病》的1980年代，大家聞「愛滋」色變，更有不少護理師因被調入愛滋病房而被家人影響、被迫離職，在這樣的情況下，逸玲卻單槍匹馬前往美國，為的就是要學習照顧愛滋病患的護理專業知識以及相關的軟硬體設施、設備

等，而她也不負眾望，返台後建立了愛滋病照護與防治的模式，並在全台各地展開了2000多場的巡迴演講，將愛滋病照護的最新觀念、照顧案例心得與各界分享。因此在民國87年，以最年輕的護理師之姿獲得台灣護理學會的專業貢獻獎，民國91年更榮獲「醫療奉獻獎」，逸玲當之無愧，我們更是與有榮焉！

此外，特別值得一提的是，民國92年SARS的抗疫之戰，台北榮總治療SARS病人最多，死亡率最低，而且是全台唯一未因有SARS病例而關閉急診或任何一間病房的醫院，能有如此卓越的成績，當時身為督導長的逸玲，與所訓練和帶領的管控、照護團隊可是重要功臣呢！

順著逸玲的人生哲理，她對安寧照護的投入，應該是一種「因緣際會」吧？連台北榮總的安寧病房，若是沒有逸玲的熱心和努力，恐怕還無法成立呢！而她對於安寧病患的照護一如對愛滋病患般，完全能顧慮到他們身、心、靈、及社會各個層面的需求，並給予最優質的護理，說逸玲是我們「護理界典範」絕非言過其實！

《醫者誓言》讓我更進一步的了解逸玲，覺得她是護理典範中的典範，她是我們學習的榜樣，唯願她和她的這本書能給予讀者更多更大的啟示與啟發，特別是對護理師們，能激發大家的初心，發揮護理的專長、照顧更多的病人，也造福更多的社會大眾。

尹祚芊

（台北榮民總醫院護理部主任／前監察委員）

人可以平庸，也可以偉大！

❋　❋　❋

　　我們每個人一生中應該都會碰到醫生、護士，有的人接觸得多，有的人接觸得少。一般人的刻板印象，護士就是醫生的助理，幫忙照顧病人、打針、換藥、餵藥、量血壓……之類。

　　但是，護士也可以做得很了不起，不僅可以救人的命，而且還能完成一些醫生做不到的事。這就是我們為什麼要讀「蘇督導」這本自傳的原因，當我們有醫療需要時，你希望遇到仁心仁術的好醫生，你也希望遇到有愛心，有慈悲心，有專業，有智慧，有魄力的好護士，像蘇督導一樣的護士，有時生死就在一線之隔。

　　蘇督導是台灣首批前往美國，學習照顧愛滋病人的「種子教官」，甚至是回來後設計愛滋病房流程、制訂制度的人。她又是現在很多大醫院「安寧病房」的發想者與推手之一。在台灣的護理界，如果有名人堂，我覺得她的名字一定有資格被放在名人堂裡面。

　　她的這本自傳告訴我們，哪些因素造就了今日的她：出身在一個好的環境，醫生之家；受到好的教育，來自阿嬤、爸爸、媽媽啟發性、愛的教育。她對於學校裡的遇到的好老師，也是如數家珍，感恩難忘。

　　她的個性發自內心地想助人，而且有俠義之心、有智慧、有魄力、有行動力。這跟我多年以來，一直在推動的 U40（Under 40）年輕人創客九力的訓練，包括共情力、規劃力、執行力不謀而合。

　　她擁有這些條件，自然會受到長官賞識，被推薦任更高的職務，受到周遭許多同事、朋友的鼓勵，一路上不斷遇到貴人。教育、善良、智慧、貴人造就了蘇督導。她不但救了很多人的命，對於一些要離世的人，也減少他們的疼痛，解開他們與親人的心結，讓他們有品質、有尊嚴地走人生的最後一程。這個意義絕對不輸拯救、照顧活人。我想稱她為「活菩薩」也不為過。

　　讀蘇督導這本書，我們不但可以學到很多知識，醫護、書法、音樂、靜坐、養生，甚至談戀愛，更重要的是學到很多哲理，讓我們思考生命的意義，如何生？如何死？如何為人處世？是要平庸過一生，還是可以活得偉大、改變很多人的一生、甚至改變整個社會？很高興、榮幸有這　一位良護、益友、事業伙伴，希望這本書能幫助到很多的人。特此為序。

王倆凱

（安麗創辦人皇冠大使／中華寰宇公益協會創辦人）

始終努力奮進、追求卓越、熱忱服務、永不止息的蘇督導

✽ ✽ ✽

　　首先恭喜我們敬愛的蘇督導「活出她想要的人生」，享受了充滿精彩、喜樂、平安、甜蜜、圓滿、幸福的七十餘年生命，而我們熱切期盼的是——未來的會更燦爛！

　　認識督導這十餘年，我和家人們一直都浸潤在她溫馨貼心地關愛中⋯⋯我們將永遠「銘感於心」。

　　在她誠摯、認真而又出於單純、自然的做人、做事的態度中，我觀察、體會到她由內而外、優越的素養、資質和腳踏實地的實踐。家世背景、師長提攜、長輩教養、兄弟姐妹關愛、夫妻相助、伙伴合作、環境影響都是塑造督導圓滿人生的助力，但「自助」還是「人助、天助」的重要基礎。「努力奮進，追求卓越、熱忱服務、永不止息」，是她一生的寫照。

　　她思、言、行為中所散發的誘人魅力，神速的行動力和融冰的熱情，使她一直都是孝順的女兒、先生的牽手、公婆的賢媳，優秀的學生、績優的部屬、卓越的領導、關愛的母親和奶奶、和難得的摯友，將永遠被人珍惜、懷念！

　　在她擁有的許多特質和優點中，讓人感受深刻的是：

★**博愛眾生：**無論背景、年齡、性別、學、經歷、地位、相識與

否、她都愛人如己，關懷倍至，讓人欽佩、感動。

★**敬業樂群**：敬業樂群：在她生命的每一個階段，視工作為使命，兢兢業業、盡善盡美，群策群力、不達目標，永不放棄。

★**終身學習**：勤勞好學，全心、全意、全靈地利用每分每秒，增加知識、擴大經驗裝備自己，為做更大、更多的貢獻而孜孜不倦地努力。

★**樂善好施**：她無時無刻都是「施比受更有福的」典範，凡是接觸到的有緣人，都是她關愛的對象。在她每日出行的百寶箱中，準備了各式各樣、可隨時隨地分享給友人們的小驚喜。常年供養法師，慷慨捐助公益，更令人感佩不已。

★**親切熱忱**：她是「護士魂」的實踐者，數十年如一日，使她身邊的人都深切感受到她生命的耀眼光芒。

★**服務奉獻**：她是 國父孫中山「人生以服務為目的」的虔誠追隨者，在加上「普度眾生」的佛教信仰，有她參與的工作團隊和公益社團，都會因她的熱心服務和大力奉獻而成長茁壯，擴大影響。

★**挺身創新**：她幫助弱勢、伸張正義、不畏艱難險阻、勇往直前。在社會「愛滋病」錯誤認知的糾正、和在台北榮總愛滋病防範重點與SOP的建立上，以及「安寧善終」觀念的推廣和「安寧醫護」的實踐上，都是勞苦功高的先驅者。

★**家庭事業兩全**：督導是女性家庭、事業兼顧的成功例證。先生的幫助功不可歿，而她自己以充沛的愛心，耐心和精力，同時關注到工作和家人各方面的細微末節，才是重要的關鍵。

　　督導對超覺靜坐（Transcendental Meditation, 即 TM）和高級技術的學習非常認真，並堅持不懈的每日練習，難能可貴。我們見證到她意識更提升，身、心、靈三方面更健康、愛心更滿被，活力更充沛，一年比一年更年輕！

　　督導在榮總推廣「四道人生」——道愛、道謝、道歉、道別，是為安寧病房的病人，放下遺憾平安離世，使一生圓滿的重要方法。為使我們日日平安、喜樂，不妨考慮將這「四道人生」應用在我們的日常生活中。

　　督導是以濟世救人為終生職志的「白衣天使」，我們深愛她、讚佩她；並且透過她力行實踐的表率，使我們對「護士魂」有更深刻的理解，對「護理專業」也更肅然起敬！

　　送上千萬個祝福！祝福我們親愛的督導，能在享受發揮餘熱、退而不休的生活中，幫助更多的新、老朋友，都能和她一樣，實現「活出自己想要的人生」！

張潘秀江

（前中華民國駐巴拿馬外交官夫人／基督教女青年會總幹事／超覺靜坐（TM）課程創始人瑪赫西大師親授之大中華區首位超覺靜坐老師）

緣起聚合，點滴皆感恩

回想，我這超過一甲子的人生，一路走來總希望「成為有用的人」，所以當周遭的人有需要，我常常二話不說，立即甘心承受，也不論自己是否準備好，也不多想是否真有能力達成，沒想到，佛菩薩疼惜我這份傻勁與膽識，不僅讓我一次次把任務完善達成，還默默地讓我走出一片繁花似錦，讓我在幫助他人的同時也成就了自己！感恩感恩！

說起這本書，也是源於一份託付和承接吧！

2018年，適逢弘一大師出家的一百周年（大師於1918年農曆七月十三日大勢至菩薩聖誕日出家），弘一大師紀念學會舉辦了十幾場專題，我也是受邀講者之一。當時我以「現代安寧療護發展——臨終助念以弘一大師為典範」為題演講，提到一個臨床照護上的實例。這位病人自得知罹患愛滋後，始終深怕家人知道、不得諒解，前後隱瞞了8年之久，甚至臨終前，也天倫交戰著、無法放下，為了安撫他的心，我想方設法邀請他的家人齊聚，藉由「四道人生」道愛、道謝、道歉、道別層層引導，終於讓他和家人，尤其是父母親，放下心中的巨石，雙方不留遺憾，圓滿地畫下人生句點。

結束這系列演講後，同為受邀講師的紀潔芳教授心生靈感，建

議我將30年的臨終關懷經驗傳承下來，一旁的慧觀法師（當時擔任弘一大師紀念學會理事長）聽了至為贊同。當時我已經從職場退休6年，記憶不若當年，但頂著「前人種樹、後人乘涼」的期許，心中不由得升起一股強烈的使命感，於是我便在眾人陪同下，到佛前發願，懇求佛菩薩加持完成此事，也不枉費這一路用生命走出的助人成果。

　　我是1986年受命至美國受訓愛滋照護，回台後便立即投入台灣愛滋病的宣導與防治，是台灣愛滋病照護防治的先遣部隊。然而那時只有AZT一種藥物，絕大多數病人的存活期平均只有2-3年，所以只要一確診，便形同被宣判死刑，大家對這疾病既陌生又畏懼。其實，對這些病人而言，面對死亡的恐懼遠不及面對家人朋友的歧視，他們只希望不要遭以異樣眼光對待，只希望能獲得家人的諒解，能平靜而有尊嚴地走完這一世。因此，如何在臨終給予他們身心上的支持與安慰，便是重要的課題。而這樣的「臨終關懷」對我而言，並非是自踏入臨床照護便熟悉的領域，而有一段感恩的認識機緣和學習歷程，這期間，尤其感謝兩位分別引導我進入安寧療護及佛教臨終關懷領域的啟蒙老師─趙可式博士與陳榮基醫師。是他們讓我學習到死亡可以是非常地平和，當病人面臨醫學已無法扭轉其頹勢時，如何鼓勵病人與家屬平實地接受不可避免的結果，如何無憾地走？而這些問題，其實也是我們醫護人員所共同學習的課題。

　　寫下一篇篇故事的同時，一個個愛滋病患的病人面容、情境及忐忑不安的家屬，如走馬燈在我眼前浮現，無論個人的痛楚孤單、

家人之間的衝突難容，在生命走向盡頭的時刻，最終都一／和解，交織成至情至性的溫暖畫面。而這些人、這些事在我數十年的護理臨床照護歷程裡，也都是至為深刻的生命教導，其實，在我付出心力的同時，他們也成為我塵世的老師。

三年後，2021年10月我完成這11個故事，像繳作業般，拿給慧觀法師過目。她一邊看，一邊點點頭，然而看完後她還有想法，又出題目了，法師說：「這裡只有愛滋病患者的故事，讓人看了意猶未盡，而且妳在護理界四十多年，既得過醫療奉獻獎，也是榮總安寧病房的推手，更在人生的每個階段都有許多重要的歷程，不如妳多寫一些，記錄自己是如何一路走來。」「寫一部自傳吧！」乍聽之下，我嚇了一跳！因為這不是只有時代大人物，或是業界指標才有資格出自傳嗎？從未想過這麼平凡的我，也可以寫下自己的故事；但在慧觀法師的提點和鼓勵下，我憶起曾做過不少有意義的事，那一段段生命的過程，那認真付出的每個當下，確實改變當時的一些人、一些事，更造就自己的不斷蛻變與成長，即使不為流傳千古，只為紀念曾發生的種種美好，我也應該完成這本屬於自己、獨一無二的書！於是，我再度點頭。一開始，我以錄音的方式進行，但這樣太慢且還需要整理，寫一本傳記，必須找到專業且擅長文字編輯的寫手才行！

2021年底，我為「超覺靜坐」主講一場講座，後來在「超覺靜坐的力量」粉專上看到這篇報導精煉而出色，大為驚艷，我知道寫手在哪裡了！於是，立刻找到粉專的主編本瑜，詢問她的意願。幾經思量後，本瑜終於願意和我一起來完成這本書，這是本瑜第一

本代筆傳記，所以她也相當慎重；我們從 2022 年 3 月開始作業，每週採訪一次，也同時確認前一次採訪內容。這長達一年多的過程，我一面回想過去的點點滴滴，一面看著本瑜以她擅長的溫暖筆觸，流暢地還原我這段走過的人生；她時而妙筆生花，時而到位地描繪出我內心那難以言喻的深刻意境，這份細膩與生動教我非常感動，也非常感謝！

感謝這本書中，曾經在我生命裡出現的貴人朋友們，是你們讓我的人生充滿色彩，讓我看到更開闊的世界，是你們把我變得不同、變得更好、成為「有用的人」！也祝福大家有目標、有勇氣、有智慧，每一天都活得圓滿喜悅，心想事成！

直下承當的強大與胸懷

✳ ✳ ✳

　　《醫者誓言》這本書不僅記錄了蘇督導卓越非凡的職業生涯，更展示了她作為醫護人員的奉獻與熱情。從出生於醫學世家，到成為愛滋照護的先驅，再到推動榮總安寧病房的建設，蘇督導的一生都在不懈地追求醫學上的創新與人文關懷的結合。

　　翻閱本書，你會了解一位醫護人員如何超越職業的界限，成為一個時代的見證者與引領者。她的職業生涯體現了對病患無條件的愛與關懷，無論是面對愛滋患者時社會的偏見與恐懼，還是在安寧病房中對終末期病患的細膩照顧，蘇督導都以堅定的信念和專業的知識，為他們帶來了希望與尊嚴。

　　通過《醫者誓言》，讀者將能深入了解蘇督導如何從一名醫護新人，成長為在醫護界內外都極具影響力的人物。她的故事不僅見證了醫學技術的進步，更重要的是閃耀著人性的光輝——那種即使在最黑暗的時刻，也從未放棄希望與愛的力量。

　　身為編輯團隊的一員，我們深感這本書不僅記錄了蘇督導個人的成就，更突顯了醫護工作的核心價值：無私奉獻、尊重生命以及持續創新。《醫者誓言》是對蘇督導及其同行們無盡努力和貢獻的致敬，也是對所有醫護人員美好品德的讚歌。它提醒我們，在面對生命最艱難的挑戰時，人性的光輝是我們最強大的力量。

啟思出版團隊

❦ *Part II* ❦ 十一篇愛滋生命樂章

Part I

一路走來的
甘甜人生

第一章

醫護濟世，
這條不歸路

從小，看著醫師爸爸的背影，無數人的愁容因他化解，
當年的小病人長大後又帶了孩子來看病……我也想成為
那樣備受信賴的大人。

三軍健康中心，一年升任護理長

❀　❀　❀

從國防醫學院畢業後，我被分派到台東的四級醫院（當時陸軍
817醫院）工作，主要是照顧肝炎病患，因為病人病情穩定，能照
顧得更周全，再加上我常常主動幫忙，不計較是否是份內的事，能
多做就多做，深得許多資深護理人員的疼愛，成為他們得力的小幫
手，在那一年，憑著認真做事和廣結人緣，我被拔擢，獲選「國防
部優良護理人員獎」！當年能以如此資淺的資歷獲得殊榮，是很不
容易的事呢！

♥ 「好人緣」為我帶來好機運

一年後，我有機會調回台北，在三軍健康檢查中心服務，才
服務一年，即升任護理長，這點讓學姊們跌破眼鏡，因為有更多比
我資深的學姊都未被選上。當時，我也覺得奇怪，因為她們都是認
真、專業且資深的護理人員，為何選上資歷尚淺的我？！後來才慢
慢從不同人的口中得知，「好人緣」是我晉升的關鍵，我不僅對健

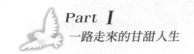

康檢查中心的受檢者和校官面帶笑容、客客氣氣，在督導、院長與大家聚會的場合，也是帶動氣氛，讓大家和和樂樂、開開心心的那個人。或許我的好人緣，是從我喜歡助人、不計較、顧全局慢慢得來的回饋，很珍惜這份上天給予的回饋，而日後，這更是我能獲得更多助人力量的資糧呢！

在三軍健康檢查中心服務，雖然深得受檢者喜愛，也獲得長官的認同，跟其他護理同仁更是相處得極為愉快，但畢竟我專修護理，渴望實際的臨床醫護經驗，在這兒每天為健康的人量血壓、抽血、做檢測，或整理文書資料等，像個技術員，不像護士，不能滿足我的「護士魂」。那時，已在這兒服務了兩年，我心中暗自萌生一個念頭：有更多的病人需要我，希望有機會能轉去三軍總醫院。而這個願望，我也正式向汪院長提出，只不過他都反勸：「妳在這個位置做得這麼稱職，不需要變動的。」「而且中心需要妳。」那時汪院長跟吳副院長都對我很好，他們的溫情攻勢，令我左右為難，遲遲無法採取行動。

遇到生命中的貴人，成全所願

那一年（民國63年）的12月，昌平演習，發生了兩架直升機墜毀的事故，陸軍第一野戰軍團司令苟雲森將軍等13名將領罹難，這「群星殞落」的事件在當時造成非常大的震撼，而我立刻被派遣去照顧受到極大驚嚇、悲慟的苟夫人，並在將軍府住了一個月照料她。這段期間，不少苟將軍身旁的人前來弔謁、慰問，有幾位更是

幾乎天天出現，籌備著治喪事宜，其中包括為苟將軍處理內外大小事務的秘書，王上校。我對苟夫人的用心照料與陪伴，王上校全看在眼裡，也放在心上，就在我完成任務，離開將軍府的最後一天，他遞給我一張名片，上面有他的聯絡電話，他說：「以後有什麼需要幫忙的事，妳就來找我。」當時年紀尚輕，且三顆梅花的上校對我來說，太高高在上，等級差距太大，「上校才不會記得我呢！」我只當是一句客套話罷了。

　　回到健康檢查中心後，再度回到量血壓、抽血、做檢測、整理文書的日子，我心中那股「想改變」的念頭愈來愈強烈，終於再也忍不住，我決定正式申請轉調院所。

　　這次，我遞交申請公文後，先感謝院長的慰留，再堅定地告訴他：「院長，過一陣子您也會輪調、會退休，離開這個位置，沒有人會永遠待在這裡的。」終於他不再堅持，讓我的申請公文往上呈報。而我的願望還不止是「改變」而已，我還想調到三軍總醫院。然而，依照規定，國防醫學院畢業的醫護人員只能在陸軍系統的軍醫院輪調，無論是802高雄總醫院，803台中總醫院或者804台南總醫院，都在中南部，離我新竹的家太遠，我希望能留在台北，調到801台北三軍總醫院，才好經常回家探望爸媽。這時，我想起當初王上校承諾的話。

　　所以，遞出申請公文後，我不僅像進行一項秘密而神聖的計劃般，默默期待願望成真，也盤忖「何時該打電話？」終於，時候到了。

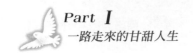

　　那一天，我正在為一位校官測量心電圖，看著他的心臟快速地跳動，彷彿也聽到自己「噗通、噗通」的心跳聲，因為我即將做這件必須、但需要勇氣的事，我要爭取自己的未來！結束檢查後，我趁著休息時間，鼓足勇氣打電話給王上校，沒想到電話居然打通了！他聽完我的需求和願望後，二話不說，立刻與身為陸軍總部人事署署長的同學聯絡，豈知，就這麼巧，公文正在他同學、也就是陸軍總部人事署署長的手中，這份公文也剛剛被審核完，他正要批：「人才不能外流！」準備將我調往中南部的陸軍總醫院；王上校聽了大驚，連忙說：「什麼人都可以不過，這個人，你一定要幫助她！」就這樣，這次轉職有了圓滿的結果，我在眾人的祝福下，離開這服務了兩年半、充滿人情味的地方。

來到三軍總醫院，回到照護第一線

❋　　❋　　❋

民國65年，我如願轉調801三軍總醫院，臨別時，健康中心的汪院長笑說：「你現在要去大廟，會不會就不理我們這座小廟了？」怎麼會呢？！其實在我的心裡沒有所謂的大廟、小廟之分，我只在乎「能不能真正幫助需要的人，能不能解除人們的病痛之苦。」我要站在醫護的第　線，直接接觸、照護病患，並看著他們一天比一天更健康，「這就是我的價值和意義！」我這麼告訴自己，即使才踏入社會僅僅三四年，在疾病與健康、生與死之間，我愈來愈確定這件事情。

剛到三軍總醫院時，我被分派到急診室，在這裡，必須要加速學習的腳步，非常機動。那時，急診室分兩邊，一邊是婦幼科，常常三更半夜會看到著急的爸媽將氣喘、發燒或者咳嗽不止（肺炎）的孩子帶來，當小孩不舒服時，大人更不好受；另一邊是內外科，有許多意外燒燙傷或車禍的傷患會來報到，情況輕微的，我們就協助清創、包紮，有必要的話就幫病患吊點滴；若情況更嚴重，就立即配合醫師做緊急醫療措施，甚至推進手術房。

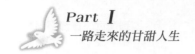
記得，那時還沒有CPR，所以時有傷患因搶救不及而失去生命，看著家屬們悲痛、難以接受的模樣，我也深深感受到生命的無常，除了陪伴家屬外，即使再遺憾再難過也無能為力。看過急診室內稍縱即逝的生命，我告訴自己：要珍惜眼前的一切，好好對待生命，也要好好照顧我們的身體。

鐵血紀律，初期痛苦萬分

急診室的護士，大多為專科護理學校畢業的約聘人員，而我們國防體系一畢業就是中尉，但是中尉在她們的眼中，算什麼呢？我們都是菜鳥，什麼都不懂。在那兒，我們必須聽從資深護士的經驗指導，任憑她們呼來喚去，人際互動上充斥著階級感、威權意識，與急診室特有的緊張氣氛相互輝映。「蘇逸玲你給我過來！」這種命令式而不友善的口吻，時常發生，也總是讓我聽得很不舒服。而且，有時我好心幫新來的實習醫師準備設備和用品（因為他們不知道東西放哪兒），也會被資深護士唸：「把自己份內的事情做完就好，不要沒事找事做！」也叫我「啞巴吃黃蓮，有苦說不出」，不知是錯在哪裡？還是這些人曾受過什麼傷，把他人的界限畫得清清楚楚，涇渭分明。

「早晨會議」震撼教育，一生受惠無窮

那個時候，每天上班Morning Meeting都先召開。大家七點

半一到，便很有默契地在護理站集合，圍成一個圓圈站好，手上拿著所負責病人的資料，然後，護理長會當場考試，抽問：妳的case是什麼？這個病人是什麼問題？妳如何照顧他？……如果一問三不知，或是推說：「這要去問醫生。」「醫生沒有說。」她一定毫不留情，把此人K個滿頭包，因為「這是你的病人，得了解他的狀況，否則你幫不了他！」就在這戰戰兢兢、連呼吸都不敢大聲的氣氛下，開始新的一天。

雖然，每一天都很抗拒進去護理站看到護理長，雖然，這樣的要求對當時的我來說是一種「鐵血教育」，但也要感謝當時的嚴格，才能培養我有著嚴謹的態度和正確的基本動作。我們並不是醫院的標準配備、也不是醫師說一動才做一動、毫不思索的應答機器，我們護士有著主動掌握病患情況的熱忱，也有專業的護理知識與判斷，這一切的一切，都令我受惠無窮，也讓我更加擁有身為護理人員的驕傲！

半年後，我轉到「民眾內外科」去服務，（三軍總醫院分軍方與民眾兩部分），開啟了學習力最旺盛、成長最多的五年。當時，三軍總醫院的主治醫師都很強，尤其以神經外科為主；施純仁主任是當時的開腦教主，也是台灣的腦神經權威。跟著醫師們深入了解病患的問題，學習去減緩他們的不適，我獲益匪淺。

空閒的時候，我會跟病人們聊聊天，將所知道的疾病管理、衛教知識與他們分享；較忙碌的時候，仍不忘多一句關心，因為生病的人特別需要有溫度的言語。當病人感受到我的真心，也很盼望我

出現在病房，還有人笑說：「看到妳，病都好了一半呢！」和他們互動良好，感覺到自己的存在對他們有意義，讓我從未感到疲倦，即使是大小夜輪班，我也樂此不疲！

💚 知人善任的武宜珍護理長

即使在急診室曾被資深護理師嗆聲，我仍不改對新進的護士與實習醫師的特別照顧，因為他們一切都不熟悉，要有人帶領才能盡快融入環境。也許當時國防醫學院畢業的醫護同仁都帶有一絲軍人氣息，比較嚴肅、兇悍、霸氣，但是我一點也沒有，不少新同事會偷偷告訴我：「妳真不像是國防醫學院畢業的呢！」我總是馬上比了個「噓」的手勢，「快別這麼說，否則會讓我得罪不少人哪！」

轉到「民眾內外科」後，我與護理長武宜珍非常投緣，她不但很照顧我，更教會我許多臨床照護的細節，此外，她還很懂我的特質、知道我處在什麼環境、什麼科別最合適。有一次，我有機會申調去加護病房（ICU），正想去不同的領域大展身手時，她找我過去，認真地說：「妳既然喜歡跟人接觸、與人互動，一般病房比較合適妳；要是去了ICU，那裡都是重病患者，經常都插著管或者昏睡，妳沒有人能說話會很悶，還是留在一般病房比較能發揮。」宜珍護理長一語道破，讓我更認識自己，而這句話也給對我影響深遠，後來我無論到哪家醫院，都選擇在一般病房服務，而只要我的付出獲得任何回饋，即使只是一個微笑，我憶起當初就是宜珍護理

長的提醒，使我能時刻與病人溫暖的流動，時刻享受與分擔彼此的歡樂愁苦。也正是她，推舉我為「三軍總醫院優良護士」，讓我順利獲得這份榮耀，這可是我第二次獲得優良護士獎呢！

💗 在特殊的「第一病房」體會人人平等

　　後來，醫院裡的「第一病房」需要人手，我便被調過去服務。所謂「第一病房」就是將官與將官家屬們的病房，空間更為寬敞且更為隱密，當然院方也會提供特殊的便利性與禮遇。不過，在此處我深深體會到，這些高高在上的人物，就算軍服上的星星再多，在營區多叱吒風雲，只要一脫下軍服換上病人袍，「躺上病床，人人平等」，身份也就是「病人」而已，跟一般人沒有不同，他們也會不敵病魔、也會恐懼，將官們時而出現與現實生活的大反差。

　　正因為能入住者皆非等閒之輩，這裡的人際互動也顯得較為複雜，容易因為一點風吹草動，便讓人捕風捉影、閒言閒語。那個時候，我就像之前在普通病房一樣，盡力提供最好的照顧給病人，但也許只是多關懷兩句，也許做得很周到，就被傳成「想攀關係」、「別有用心」……教我百口莫辯、很氣餒，不知道是她們想得太多，還是，其實是我想得太少？但我很清楚，這裡並非適合我的地方，我希望靠實力、不是靠關係，想做好事情、而不是做好關係，更懶得理會這些流言蜚語，所以沒有幾個月，便提出申請，離開「第一病房」。

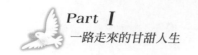

　　回到一般病房後，我立即恢復「蘇逸玲放鬆模式」，想說什麼就說什麼，整個人如魚得水！那時候的三總，民眾內外科病房都同一起，有內科患者、有外科患者，所以護理人員必須熟悉內、外科各種問題，以及病人的狀況與恢復的情形……當初在急診室每天 Morning Meeting 培養起的基本概念，此時發揮了作用，讓我勝任有餘！當然，有時還是會被考倒，所幸資深同仁、護理長都願意教我，即使問不出答案，我也努力翻書、找資料，把問題一一解開，所以這段期間我像是火力全開，以最好的狀態付出、學習與運用，每一天都過得非常紮實，非常享受！

　　那時，有一位國防醫學院的女隊長（教官）來開刀，她是我學妹那一期的隊長，以兇悍出名，只要女隊長一個嚴厲的眼神過去，所有人就正眼都不敢看，乖乖就範、不敢造次，即使不合理的要求，大家也敢怒不敢言，默默地吞下委屈。所以，當學妹們知道隊長要來三總開刀，幾乎人人都告訴我：「把針推快一點，讓她『痛快』一點！」學妹們一想到女隊長挨針喊疼的模樣，各個都幸災樂禍般地偷偷叫好，當作是對從前種種委屈的小報復。至於，那天我究竟有沒有刻意把針推快，已經不記得了，只記得她的確「哇！哇！」喊疼，看來真的是怕痛呢！我還開玩笑地對她說：「隊長！很痛喔？我們學妹也怕痛耶～」到現在，我還記得她那哭笑不得的表情。

♥ 命運之神召喚，接受新的挑戰

在三軍總醫院，一待就是五年，命運之神又帶來新的機會！

為了加薪，我報考了國防特考，希望能順利考上，多一萬元薪資。就在考完試的路上，碰到一位在情報局醫院工作的學妹，她說：「我們需要一位護理長，是少校的缺額，學姊要不要來試試？」我眼睛一亮，新的挑戰耶！自然就回答：「好啊！我試試看！」接著，我順利考上情報局特考，也完成申請，接下來就等情報局局長圈選了。

但就在這時候，我立刻又反悔了，因為由大規模醫院轉調小規模醫院，各種資源一定變少，臨床經驗也必然會減少許多，加上在三總，有照顧我的護理長，有相處融洽的護理同仁們，其實挺捨不得；尤其，後來又知道有四個比我資深的學姊也同時申請這護理長的職缺，我覺得機會渺茫，還是放棄好了。

得知之後，我趕去情報局醫院找院長，想抽回申請書，不料，晚了一步，院長表示他已經將五份申請書都呈報到情報局了，「你只能找局長了。」聽到這句話，我就作罷了，因為只要想到去情報局，想到那牆上一圈又一圈的鐵絲網，心裡就怕怕的，怎可能再去找局長？這時，只好阿Q地安慰自己：「放心吧！運氣不會這麼好的！」豈料，兩週後，在一次大夜班結束、跟爸爸用餐時，突然電話響了，電話那一頭說：「蘇逸玲，妳被選上了！」天哪！怎麼辦？是老天跟我開的一個玩笑嗎？我真的不想去報到！

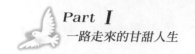
這時候，想起昔日學校裡的恩師周美玉主任（將軍），希望能跟主任談談後，她能給我些幫助或指點。那時周主任正色告訴我：「軍令如山，不可輕言兒戲！」她提醒我必須為自己所做的事情負責，「何況，這未嘗不是一件好事。」我只有硬著頭皮接受現實，一面準備去情報局醫院報到，一面向三總遞辭呈；更叫人後悔的是，護理部主任得知我即將離去後，竟跟我說：「怎麼這麼突然！我正要幫妳升副護理長呢！簽呈都寫好了，只待走流程……」只能說，這一切都是上天的安排，我只能往前走了。

到情報局醫院，三條槓變成一顆梅花

✳ ✳ ✳

一時間被「從護士升上護理長」、「由上尉升任少校」，從三條槓變成一顆梅花所吸引而到情報局醫院，命運之神要交付我什麼使命？究竟這裡是何方寶地呢？

情報局內的大多數情報員是在東南亞各國工作，而當時東南亞是傳染病的流行區，醫院必須對各種感染病菌有最強應變力，所以這裡的感染科很強；此外，醫師多為國防醫學院畢業，軍系出身的醫師開刀技術一流，因此外科也很厲害；再加上，由於自費看牙價格不菲，情報員和家屬們的牙齒大小事經常來這裡報到，所以情報局醫院的牙科也總是門庭若市；感染科、外科加上牙科三強，是我剛到院的印象。

♥ 整頓是第一要務

民國70年9月，初來乍到的我很不習慣，因為反差太大了！這兒缺乏制度，使得許多事的推行都鬆鬆散散，有的人上班時間只顧

著閒嗑牙,有人還會正大光明去買菜,身為護理長的我自然有責任讓一切上軌道。沒錯!我來這兒最大的任務就是「整頓」!

後來,從我國防醫學院的導師——馬老師的口中,證實當初情報局局長(也就是馬老師的大伯)從五位候選者中選上最資淺的我,就是看中我三軍總醫院的經驗,而其他人不是原情報局醫院的資深護理師,就是只熟悉公共衛生而不具臨床經驗的「衛勤學校」學姊,局長希望我善用臨床經驗,並將三總的護理制度帶過來,好好幫忙雨聲醫院護理部!

要整頓,談何容易?尤其是大部分的人都習慣只要量量體溫、發發藥的輕鬆日子,若一下子就規定這約束那的,要求大家做更多事,勢必會有很大反彈!所以,我決定慢慢來。首先,跟護理人員「搏感情」,讓她們信任我,了解我的善意;在制度一一建立下來後,我也先示範、多演練給大家看,也告訴她們可以多多「使用我」,我能幫的忙一定幫!我希望大家找回原有的「護士魂」、重拾最初的熱忱、憶起當初為何選擇學護理?我想讓她們知道每個人自己是多重要!

召開 Morning Meeting 是第一步

由於先前在三總急診室參加晨間會議,我知道那種被考試、被質詢的會議讓人備感壓力,不希望護士們以為我在刁難大家,所以用「大家一起來」的方式進行。通常我會事前先做功課,了解所有

病人的狀況，若有護士當場支支吾吾的、未能完整說明個案，我便能接下去幫她說完；一次、兩次之後，她們不但爭氣地慢慢上手，還更能抓到照護病人的訣竅。

除此之外，我也利用每天早上的會議，分享我臨床上的經驗……「內科病人一定要注意他們胃口好不好？別小看消化道問題，它不只是看得到的便祕或拉肚子，還可能有看不見的高血壓等其他問題。」「注意觀察病人的睡眠品質好不好？電解質是否平衡？如果睡不好、電解質不平衡，代謝都會出問題。」看她們一開始半信半疑地聽著，到後來認真地做筆記，我想，我這些臨床經驗也在她們照顧病人時，慢慢成為她們自己的經驗了。最欣慰的是，她們愈來愈主動問問題，主動找答案了！

❤ 從意見多，到配合度高

每天的會議只是當日的工作重點，必須再回顧和檢討，才能把所學到的經驗和知識好好留住，所以，我們每週還有一次「個案討論」。我會請所有護理人員利用兩小時的時間分享彼此的個案，就算未曾經歷過，也能從別人的經驗中了解到某些症狀，可能是什麼問題、導致什麼發展？我們該如何協助病人？

當大家更具備照護知識後，直接受惠的就是病人。開始有人口耳相傳：「情報局醫院不但刀開得好，護士的照顧也很到位！」所以僅僅25個床位，以前很少住滿，到後來變得一位難求，經常客

滿呢！

　　此外，我更力促恢復過去每個月都會舉辦的「病房會議」，讓全院同仁都參與，都了解各部門當月的重要大事。我記得，當時分三組進行報告，教育組，負責規劃醫護人員的進修課程，他們會說明當月開辦了哪些課程，以及醫師、護理人員參與的情況等等；總務組，說明每個月病人的住院、開刀數字，也統計病人因何住院與開刀的比例；康樂組，望文生義，就是希望大家工作之餘，都能開開心心，所以負責跨單位的聯誼活動，諸如大家最期待的慶生、聚餐等等。如此一個月一次的大動員，不僅使部門與部門之間的合作更協調、緊密，全院的凝聚力也變得更好！

　　除了從每天、每週、每月建立新的工作模式、就制度面上進行調整，「人」還是我最重視的部分。我發現病房有三位意見領袖，她們的言語、行為就是風向球，會帶動整個部門的氣氛，其中一位幾乎對我所說的任何話都唱反調，有自己的想法，「只要能搞定她，接下來一定能更順利進行。」我如此相信。剛好，院方要我們派員參加衛生局舉辦的CPR訓練，我第一個就點名她，心想只要她學會更多專業知識，就會慢慢了解我的用心。當然，她一開始並不樂意參與這需要花額外時間的訓練，還以為我是故意為難她。不過，後來發生了一件事情，使得整個氛圍翻轉！

　　原來，才學完沒多久，她在去福隆海水浴場遊玩時，遇上一位溺水的孩子，擔任情報局上校的夫婿緊急將孩子救上岸後，她接著以CPR順利搶救回孩子的性命，不僅當時的報紙上大幅報導這項義

舉，她的夫婿也同時升上少將；而親手以自己新學會的技術挽回一條生命，更讓她感動莫名，感受到自己的價值！事後，她主動向我表達謝意，日後的工作表現也變得積極、配合，其他的護士紛紛被帶動，使得護理部、病房的氣氛變得非常好！

點燃眾人護士魂，畫下美麗句點

在情報局醫院（雨聲醫院）上班的最後一年，我還做了一項史無前例的「創舉」！民國72年5月12日的護士節，我籌辦了一場護士節大會，除了慶祝我們自己的日子外，更表揚優良護士，由院長來頒獎！

從事前制定選拔標準開始，無論是與護理部主任共同選出平日最認真的護士（門診、開刀房各兩位），並請院長、副院長及各科主任贊助獎金和禮物，我都全程參與、一手包辦。到了護士節那天，像是辦喜事一般，每位護理人員胸前都帶著一朵康乃馨出席，而且除了被選出的「優良護士」之外，其他人也以不同的名義上台領獎，那幅人人有獎的歡樂畫面，至今仍難以忘懷，在她們開心地綻放笑容、感到備受尊重的同時，我知道，每一個人的「護士魂」也再度被點燃了！

是的，這裡已經上軌道，我已完成階段性任務，應該尋覓下一條路了，但是「去哪裡好呢？」這時，想起學生時代曾實習過的台北榮民總醫院。

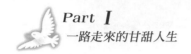

到台北榮總報到，護理生涯再進階！

❀　❀　❀

　　大三那年，我去過三軍總醫院和榮民總醫院兩家醫院實習，前者因為階級分明，像是在軍隊一般，氣氛也比較嚴肅、緊張；在榮總，則是個高反差，醫護之間的氣氛輕鬆、溫馨，就像個大家庭一樣，而且我的臨床實習積分很高，後來還拿到第一名呢！開心之餘，那時心裡就暗暗認定：「以後有機會，我一定要來榮總上班！」

　　這幾年在軍系醫院累積的經驗應該已足夠，現在是去榮總的時候了！想去榮總必須要經過考試，我花了不少時間，準備「護理行政」的考試。記得那時的考題，跟我畢業論文的題目「人性化的護理」有關，能讓我充分發揮，所以我洋洋灑灑地寫了滿滿四大張，把我的想法、理念，還有臨床上實際服務的經驗全寫了進去，可能主考官也感染到我的熱忱，後來果然如願考上！

　　民國73年9月1日是報到日，我的職稱是「副護理長」。由於過去的經驗多與外科相關，所以原本我也希望能分派到外科，然而人事部郭副主任說：「只有感染科缺人。」我只好先去感染科報

到。

　　沒想到這一去，就改變了一生的際遇，我因為對這個領域更深入了解，接觸到更多新的感染疾病與相關知識，而更有機會參與公衛制度，以及後來HIV（愛滋病）防治SOP及HIV照顧標準的建立，這是當初所未能料想的！

❤ 跳進大「染」缸，兢兢業業加速成長

　　之前，情報局醫院感染科最多病人為瘧疾患者，由瘧原蟲所感染而得，來到榮總感染科之後，一下子各種感染源都有，我像是跳進大「染」缸，也像是「劉佬佬進大『染』園」，許多不熟悉、甚至沒聽過的感染源和疾病層出不窮；而且每種病毒、細菌、原蟲的特色、病徵、傳染、被傳染途徑與處理方式都不盡相同，我必須增加大量知識、快速熟記，並熟悉感染科45張病床每個人不同的臨床情形，才能進入狀況。

　　為此，我天天上圖書館K書，面對一本本原文書，再難懂、看得再吃力也得想辦法弄懂，就這樣兢兢業業面對每一位個案，深怕出錯。同時，我也試著將爸爸教過的「望聞問切」運用於臨床上，進一步掌握病人們的情況，為他們舒緩疾病帶來的不舒服。

　　那時候的護理長，不僅父親是軍人，她也嫁給一位軍官，所以凡事不苟言笑，是大家公認的「鐵面人」。剛到職，就遇到這個一板一眼，公事公辦的主管，當然更增加緊張程度，尤其，每天早

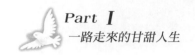
上morning meeting常是她「電」護理人員的時候，只要她臨時抽考，有人答不出來，她就會回頭、冷靜地看著我說：「蘇逸玲，妳說！」眾目睽睽下，我怎麼能漏氣，一兩次支支吾吾後，這情形就不再有，因為我更認真地準備與學習，不讓它發生，在此，真心感謝鐵面無私的護理長讓我有更好的成長機會！

期許成為「還好有妳在」的存在

「嚴師出高徒」下，榮總護理部的訓練紮紮實實，不僅護理人員的基本在職訓練、抗生素等常見藥物的足夠認識，或是病人感染後高燒不退、應如何溯因與對治，如何向家屬與病人說明各種臨床問題，甚至那個年代不多見的醫療糾紛，護理長也讓我們先具備這些概念，以免遇到時措手不及。

在護理長身邊，我們目睹、學習到許多棘手個案的處理方式，獲益良多。有一次，原本好端端的病人突然嚴重抽筋、渾身抽搐不已，我們還正為不明原因擔心、不知如何是好的時候，護理長快速拿了個壓舌板走來，直接將壓舌板放在病人舌下，一面說明這是為避免抽搐引起舌頭不當收縮、阻塞到氣管，所做的必要措施！「還好有她在！」我心裡這麼慶幸地想著，這句話後來也出現了好幾回，的確，每一次只要有護理長在，無論任何突發事件、有多緊急，大家都不擔心！我記下這種安定和安心的感覺，心裡暗自許願：「希望有一天，我也能讓周遭的人慶幸：還好有妳在！」

一年後，各種傳染病跟感染病我已幾乎瞭若指掌，處理得愈來愈得心應手，此時，護理長必須跟著先生派調去美國，於是我「以副代正」，開始負責病房大大小小的事務。在大醫院有一定的升遷系統，由副轉正並不容易，我著實經過了三年，在從美國學成返院、建立功績之後，才正式升為「護理長」。究竟我去美國學了什麼？建立哪些功績呢？都是次要的，對我來說意義最重大之處，在於我參與了台灣愛滋病防治的發展，做了一件影響眾人之事！而且因為推動愛滋病防治，我更有機會將關懷的領域延伸到「安寧照護」，參與台灣臨終關懷、安寧體系的推動和發展！

遇見好長官，護理部獲得合理對待與尊重

在榮總，我還遇到了一位很敬佩的護理部主任尹祚芊主任。我與尹主任是在周美玉將軍處所相識，我們都是周將軍的學生（國防醫學院前後期學姐妹），那一年，我在三軍總醫院任職，尹主任在國防醫學院教書，由於我們都輪流照護老師的健康，老師為了表達感謝，特別在家裡開了英文課來教授我們，初與學姐認識，便覺得她有理想、有抱負，是個女中豪傑。再碰面時，是民國82年一起去西班牙國際護理會議，尹主任已是台灣護理學會的理事長，而且由她率台灣代表團出席會議，身為代表團員又是舊識的我，自然格外親切，再加上我即使全程英文報告，絲毫不怯場，報告完還問大家 "Do you understand my words?" 那副「天不怕、地不怕」的模

樣，逗得大家呵呵大笑，也讓學姐對我印象更深刻了。

民國87年，我們再度相遇，這次她來榮總當我們的護理部主任。一上任，有著軍人子弟個性的她，便充分展現她的正直和原則，將原有界線不明的工作，清晰地劃分權責，讓該由其他部門負責的事情，回歸原有部門，不再使護理部受到不合理的對待；為了我們的權利和尊嚴，她總是立場堅定、據理力爭，不僅贏得我們的愛戴，也讓護理部同仁的凝聚力更強！

尹主任對我們督導長也相當信任，且充分授權，只要跟她討論過、確認好，便放手讓我們執行，過程中不曾干預，大家都對她相當服氣，我也非常欣賞她的氣度與建立在彼此信任的帶人方式。

民國102年那年，國際愛滋病護理學會在肯亞召開會議，我隨著尹主任一起出席。席間，某一位非洲國家的代表對台灣相當不友善，不僅投以輕蔑眼光，對我們的報告也毫不留情地批評，令我們覺得不平和委屈，心情大受影響。到了中午休息時間，也是交誼時刻，我剛好帶了毛筆與紅紙，現場揮毫寫春聯，並致贈外國友人，做做國民外交；我寫得是「福祿壽喜」四個字，許多外國人圍過來看，他們既好奇又喜歡，我也逐字解釋每個字的含意讓大家知道；此時，這個人也默默湊了過來，想排隊索取春聯，我記得，當我一抬頭看到是他時，特別在送他的春聯背面以英文寫下意義，讓他帶回去後也能記得這些祝福，只見他一改態度，露出又感謝又羞愧的表情，令台灣代表團員頓時心情變開朗，我們用大器和包容扳回一城呢！尹主任也覺得很欣慰、很光榮！

在主任的任內，我獲得了「護理人員傑出貢獻獎」，從感染科護理長兼院內感染護理長，並升任督導長，無論是護理專業，人事管理等等，這些都非常感謝尹主任的指導、支持與器重，即使後來她退休，去擔任監察委員，我們仍保持聯繫，我始終記得這位有態度、有立場且時時為護理同仁著想的好長官！

成立書法社，繼續「寫意人生」

在榮總除了貢獻自己在專業領域之外，我也維持著自己多年的興趣，並在這裡找到許多同好。「寫書法」就是一個例子。

從小為爸爸磨墨開始，就對書法情有獨鍾的我，不僅在求學階段持續精進、正式拜師向黃伯平老師學習，進了社會之後，仍不時抽空書寫，沈浸於書法的世界。先賢早有明訓：「學書原無捷徑途，期成端在下功夫，二分筆硯三分看，餘事還需廣讀書。」寫字的當下全神貫注、誠心誠意，意誠則定心，定心則生靜，所以每一撇一劃、每一字一句都是真實而直接的紓壓與練心，讓我修養身心、內化氣質，也帶我接觸更多的人生奧妙義理；我還因為書法，與周美玉將軍、曉雲法師等生命中的重要導師結緣！除了有益於自身的修身養性，以文墨會友更可淨化人心，使社會充滿祥和之氣，我十分推崇！

在三軍總醫院上班時，我曾因鍾情於王北岳老師的行書，而去他當時的授課地點——漢聲廣播電台的地下室上課，不但自己學，

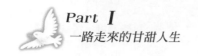
也帶著才四歲的月瑩一起學。

後來到榮總上班，整個生活圈也搬到北區，便透過一位護理師介紹，得知在劍潭救國團授課的吳大仁老師，不僅字寫得好，是王北岳老師的弟子，加上他篤信佛教，我深覺有緣，便邀請吳老師來榮總上課。為此，還特別申請成立書法社，找了好幾十位同好一起參與，每週三就是我們固定聚會書寫的時刻，在這短短的一小時裡，大家暫時放下工作、放下重重心事，沈浸於字裡行間的樂趣裡，真是美妙！這麼多年了，當其他活動性社團（如登山社）因為院內其他庶務、評鑑，社員太忙而紛紛退出、慢慢結束，書法依舊屹立不搖，即使我退休了，仍每週三回去報到。

吳大仁老師幼時即習字並學佛，在他的書畫間隱隱流露出敦厚樸實的氣息，看了便令人感到舒服、寬慰。人家說「畫如其人」，他的為人就是這般寬厚、平實，讓人在書畫篆刻時如沐春風。在台北榮總固定授課後，也與榮總結下不解之緣；民國79年成立佛堂時，大仁老師致贈了一幅心經，目前還掛在佛堂；86年的安寧病房募款義賣會上，他也主動提出構想，在100件T恤上親筆題畫蓮花，當場書畫、當場義賣。除此之外，每年的農曆過年前，他總會自備好紅紙、筆墨，率書法社學員們在中正樓一樓大廳書寫春聯，現場贈送給病友與家屬們，為大家帶來新年祝福；每年11月到12月之間，中正樓的文化走廊也展出我們的書法展，當作一年來的成果發表，也讓路過的朋友藉文藝之雅慧，抒展心靈的空間。曾有病人告訴我，他每天經過走廊時都會唸一遍，唸著唸著，心情平靜

了，病似乎便好了許多，果真文字的力量不可小覷！

在陳威明院長任內，與院長交情匪淺的某大集團總裁在行經文化走廊看到一句格言，很感動，當下便表示要捐款給台北榮總，我們得知這件事情之後，順勢向院長請願，那一年，與榮總結緣30多年的吳大仁老師，成為了榮總的榮譽員工。

第二章

愛滋防治、安寧照護， 捨我其誰！

「當機會來敲門，必須先開門」對我來說，凡是利益眾生之事都是機會，也是使命。我是一扇自動門，對於這樣的機會，想都不想，便大大開啟。

榮耀時刻！參與打造台灣愛滋防治史

✳ ✳ ✳

　　民國 75 年 3 月，衛生署來函表示，為了加強台灣的愛滋病防治，希望台北榮總派代表到美國學習愛滋病防治。這次的公費獎學金名額有兩個，一個名額給台大醫院，另一個就給台北榮總，我很榮幸被選上，非常感謝張寶珠副主任及王瑋主任！

　　一得知這個機會，我當然很想把握，同時也問了先生與爸爸的意見。一向給我充分自由、任我發揮的先生當然投贊同票，耍帥般地說：「才兩個月，沒問題！妳去！」爸爸雖然正經八百地說：「國家需要妳做什麼，就要去做什麼！」對於我能代表榮總、代表國家去美國，他仍掩不住開心，覺得與有榮焉！

　　當時愛滋病被譽為「世紀黑死病」，無論感染源、感染方式、發病過程……一般大眾都是陌生的，只知道一染上，便難逃一死。因感染者多為同性戀者，在那民風保守的年代，對這疾病與患者充滿著不友善與歧視的氛圍，甚至將同性戀視為精神病人；然而，愈是這樣把愛滋病推向邊緣，這群患者與潛在患者愈不敢面對自己與疾病，假裝看不見，加速它在黑暗中滋生、蔓延。此次赴美參訪，

我身負重任，要帶回最先進的觀念和照護方式，讓愛滋病攤在陽光下，不再嚴重威脅人們。

然而，對愛滋病一知半解的我，三月才接到任務，七月便要出國，只有臨上飛機前帶了一本書《20世紀黑死病》中文版，利用那趟21個鐘頭的航行時間翻完了書，一下飛機，便進行緊鑼密鼓的參訪行程，準備在兩個月之間，參訪數十間醫療院所。

💗 在紐約天主教醫院，與病友結為朋友

對於這兩個月的參訪，政府只負責提供獎學金（差旅費用），所有的行程必須由院方與代表自行規劃，而且需拿到對方醫院的邀請函，才能申請經費、得以成行。我的第一站，是堂姊協助安排的「紐約天主教醫院」（Cabrini Medical Center），她在那裡擔任督導長的職務，醫院內的病房都有幾位HIV病人。

當我第一次看到愛滋病人，雖然覺得陌生，但由於已清楚愛滋的感染途徑與原因（體液、血液），我做好必要防護並熟記基本動作後，便放心地坐在病床邊，與他們聊天。

記得，那時候，我向他們自我介紹我從台灣來，會在這裡待兩週，希望透過他們多認識這個疾病，並將這些經驗帶回我的國家，幫助同樣需要照顧的病人……雖然英語不很流利，有些感受難以表達清楚，但真心、誠意是最好的語言，這兩週內，我跟四、五床的病人都成了朋友。

這些人雖然因為感染上愛滋，感到難過與沮喪，但是在信仰和家人的支持下，多數人能平心靜氣地面對病魔與未知的變化。看著他們雖然身體不適，仍含淚堅強的模樣，很為他們心疼。隨著每天的關心，每天記錄臨床病程，我了解到在病毒的作祟下，他們常有噁心、嘔吐、腹瀉現象，有時遇到抵抗力弱，頸部還會開始起帶狀皰疹，口腔粘膜也容易破、難以癒合，使得他們食不下嚥、只能喝流質或果汁來維持體力。一方面為他們焦急，也一方面替他們打氣，希望這些朋友能一一渡過難關。

♥ 紅十字會教會我整套愛滋病防治SOP

我的第二個參訪醫院為紐約最大的私人癌病中心，紀念斯隆－凱特琳癌症中心（Memorial Sloan Kettering Cancer Center）。這是當時台北榮總鄭德齡副院長介紹而得以參訪的醫院。接著，感染控制師又轉介給我好幾家公私立醫院及紅十字會。

紅十字會是人道、公益、救濟弱勢的慈善機構，這裡轉介遊民或無家可歸的病人去適合的社會福利團體。當時，有許多不為家人所接受的愛滋病患聚集在此，等待被安頓、被照護，在他們還停留在此的時候，紅十字會就會為他們進行衛教知識，給他們正確的觀念；另外，為了讓更多人知道如何防止愛滋病毒蔓延，紅十字會定期至各社區做巡迴宣導服務。在那兒學習期間，我也隨宣導人員的四處宣導時，學會一整套防治愛滋的流程，瞭解到面對大眾疑問或

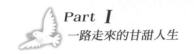

誤解的時候，如何提出正確的觀念、導正迷思，讓大眾放鬆心情卻不輕忽這疾病的威脅。

在紐約參訪了近十家醫院之後，我又到加州大學洛杉磯（UCLA）分校與在那兒攻讀博士的大哥碰面，並在他的協助下，參訪了兩間醫院；每一站都有許多收穫，我的筆記本記錄得密密麻麻，心情很複雜，一方面每天都充滿著學習的滿滿動力和期待，另一方面也對所見的一切感到惋惜（當時愛滋病還未有解藥，一旦發現，即視同宣判死刑。）

接著，我來到同性戀的大本營，舊金山市，前往 UCSF（加州大學舊金山分校）醫學中心，由正在 UCSF 研讀博士班的學妹幫忙轉介，在此處進行參觀與訪問。

這次參訪 UCSF 醫學中心的重點，不是之前的護理部病房，而是門診。所以我見到許多穿著時尚、狀態良好、疾病初期病人的模樣，不再只是看到發病後穿著病袍、帶有病容的患者。

這些人不少是畫家、音樂家等藝術背景出身，身上自然散發著敏感、有品味且優雅的氣息，而且我發現到，不少人在貼身牛仔褲的後口袋都放上一把小梳子，準備隨時梳整頭髮，保持最佳儀容。他們就像是從流行雜誌裡走出來的模特兒一般，說實在的，一下子看見這麼多雙眸深邃、帥氣挺拔、身材精壯的美男子，即使當年已37歲，又已婚、有小孩的我，仍不免臉紅心跳、小鹿亂撞，甚至不敢直視他們；只是，常常在賞心悅目之後，心裡會嘆息：「怎麼會有這種病，讓這麼帥、這麼年輕的生命就要黯淡、失去光

彩？……」

♥ 彙整精華，為台灣愛滋照護做萬全準備

在美國紐約、洛杉磯、舊金山這三地數十家醫院參訪的兩個月中，我主要記錄的是各家醫院對於愛滋病患照護的硬體設備、隔離方式、病房設置重點，以及需要準備哪些器材設施，此外，進病房前的準備室（prepare room）該放哪些物品？櫃子上要放口罩、手套……都鉅細靡遺地記錄，並拍照，以留下清楚的紀錄。此外，搜集各家醫院現行用的表格，也是非常必要的任務。比方說，紀念斯隆 - 凱特琳癌症中心（Memorial Sloan Kettering Cancer Center）有一張保護護理人員的SOP表格，要不要戴口罩？需不需要穿隔離衣？進病房後，隔離技術要怎麼做？……護理人員只要藉由勾選，就一目瞭然，照著流程進行，就安全無虞。我當然二話不說，統統把這些資料帶回台灣來！

然而，照護的設施、技術、SOP再先進、再完善，也比不過「平等看待」的這顆心。從愛滋病人的眼中，我看到他們易感、脆弱且容易受傷的心。忘了是在哪一家醫院的病房內，我看過一張標語：「請不要憐憫我，更不要歧視我，只要對我微笑就好。」後來，我進病房時，不戴手套、不戴口罩，常常跟他們握手、微笑，就是讓他們覺得舒服、被尊重。在我眼中，只要是沒有呼吸道、腸胃道問題的病人，都應該這麼被平等對待。

❤ 回台灣啟動「愛滋照護與防治22項建議」

9月份，我從美國回台後，著手整理心得報告，將這次的所有紀錄整理成22項建議，那時北榮院長鄒濟勳院長非常重視這台灣疾病史上歷史性的突破，一項一項逐條確認，並一個一個打勾勾，做後續處理，慎重的模樣令我印象深刻及感動，他說：「不管你是誰，只要你的建議對醫院有幫助，我們都會接受。」

那時我所列的建議項目中，除了首先從硬體著手，規劃愛滋病人的專屬空間與設備外，還有愛滋病防範重點與SOP的建立。另外，也有較細節或人性面的建議，譬如，我轉述美國醫院裡「用腳踏一踏，便能掀蓋的垃圾桶」（當時台灣還沒看過這種垃圾桶）如何增加便利性，如何能減少以手掀蓋的感染風險，沒多久，院方便依照我的形容，找人開發出「腳踏式掀蓋垃圾桶」，而且全院改用。這在當時，是一項突破性的思維和做法！

此外，幾乎每家美國醫院裡都有Pray Room（祈禱室），以簡單的一個設計、不大的空間，讓病人和家屬在他們的信仰之下安住自己的心，全心託付上天的安排，也藉此獲得力量來面對疾病，我每每看了都很感動，希望北榮也能推動；於是，77年先促成北榮佛學社的成立，79年再申請佛堂的設立，北榮成為全台灣第一家院內設立佛堂的醫學中心！接著，天主堂、基督教祈禱室也陸續一一設置完成，中正樓13樓因而成了「希望的13樓」，在各種宗教的守護下，病人和家屬們的心理壓力、擔心、害怕慢慢消融，對癒後

恢復也更具信心，「人的心一旦有力量，身體也會變強壯。」在此處，我看到數以萬計的實例。

很快地，感染科病房設置好單獨空間，裡面有了六張病床，而且第一個病人在 11 月份就要安排入住。

然而，第一位病人是血友病患者，他是因輸血而感染愛滋，委屈的心再看到「隔離床」三個字時，更抗拒了，任護理人員怎麼說都不願意住進病房，好像怕自己被貼標籤，就這樣僵持了足足三個小時。我了解情況後，動手將這字條撤下來，他才終於願意進去。

當下，我領悟到，「隔離」是多麼重的兩字，把人心的距離硬生生地拉開，並劃上界線，好像在說「我是魔鬼，請勿靠近！」而其實病人的心情應該被優先照顧，愛滋病患只需要「分區」妥善照顧，根本不需要不友善的「隔離」這兩個字。這位病人為我們上了重要的一課！

一開始，不順利的不僅是入住者的心態，被分派去照料他們的護理人員也頗多微詞；有的是自己的心理障礙，有的是因家人擔心，以至於流動性很大，許多人進來沒多久便紛紛申請轉調，甚或辭職。我覺得這樣不是辦法，必須從心理教育開始，其中兩位護理同仁，給了我很大的回饋與成就感。

那時，由於不希望兩個人被彼此影響，我刻意先後處理，一位一位說明：「妳在這裡先試一個月，我從頭到尾帶著妳，教妳怎麼照顧 AIDS 的病人，先不用怕。」從照護前一定要確認的重點，動手做給她們看，並教她們與患者握手，讓她們知道沒什麼好怕，且

感受到病患那種深深的託付感。一個月後，這兩個人分別告訴我，「我不走了，要繼續留在這裡！」到現在她們都還是北榮感染科病房的兩位大台柱呢！

榮總照護，深得愛滋病患信賴

就這樣，這22項建議讓北榮成為「愛滋病照護」先驅，無論觀念或設施都開創諸多先例！即使各大醫院已設有愛滋門診，引進了最先進的醫療技術（尤其是台大、榮總），但在專業照護上，北榮仍是佼佼者！當時盛傳：「看病，選台大或榮總都可以，但『住院』一定要去住台北榮總！」

看到這兒，一定有人會問：明明一開始這兩家醫院同時取得海外參訪的補助金，為何榮總獨佔鰲頭？這裡有個曲折的小故事：原來，那時台大醫院預備派出國的護理人員再過幾個月便要結婚，未來的婆婆在意她此次赴美參訪愛滋病院，不希望她去，即使多次溝通婆婆都堅持原有的想法、不鬆口，最後她不得不妥協而提出放棄，台大醫院只好另覓人選；由於新代表規劃新的參訪計畫，所有申請流程得全部重新來一次，所以這一拖，就延遲了好幾個月，直到我參訪回國後半年、且北榮的照護制度都一一上軌道了，台大的代表才出國，自然所有發展都慢了半拍！

♥ 展開二十年、兩千多場巡迴演講

也正是因為如此，我更有機會率先將在美國實習到的HIV最新觀念和案例與各界分享。

記得，第一場是署立桃園醫院（現在為衛生福利部桃園醫院），那時他們邀我去演講，希望我「說一說所看到的」。當天，不少護理同業和民眾一起來參加，我準備了實際案例，並搭配幻燈片來說明，這些對愛滋病好奇但陌生的人們，透過每一位患者背後的故事、他們的心情起伏，讓大家與愛滋患者的距離更近，那一張張臉孔專注、入神、同理，聽到令人心疼處許多人甚至紅了眼眶，就像是身邊朋友所發生的故事一般，此時愛滋病的種種不再是媒體、報章雜誌上誇大、聳動的話題，而是一個個真實的生命故事。

慢慢地，口碑傳出，別的醫院也紛紛邀請我去分享經驗，於是，我一面在北榮感染科臨床服務、指導，一面在各大醫院、衛教中心、性病防治所等地展開「愛滋病個案巡迴演講」，就這樣，從79年開始，前前後後大約20年時間、兩千場以上的講座，我透過巡迴演講，為民眾一層層揭開愛滋病神秘的面紗，讓它的知識走進人群，也讓人們開始敢靠近、願意正視它。

每次演講，許多民眾都會問我：「妳為什麼不會害怕？」其實，會問這個問題的本身才是問題，這表示太多人都不懂愛滋病，才會害怕，這一點在在提醒我要做好這項衛教工作，為人們帶來整套知識，如何感染？若感染可能會出現哪些症狀？該如何觀察、如

何防範？……此外，患者內心的感受，也是演講的重點，我希望大家就「生而平等」、「生而尊貴」的角度，來看待每一位病人。生病已經叫人身心受創了，若還要被異樣眼光排斥、邊緣化，甚至詛咒，那不是二次傷害，更教人遍體鱗傷嗎？

漸漸地，我似乎在榮總的知名度大增，連許多新進醫師也都聽過我的名字，一位熟識的神經內科醫師直接點出：「蘇護理長，妳知道妳為什麼那麼有名？那是因為妳照顧愛滋病患。」我很喜歡這個「照顧愛滋病患」的 ID 和標籤（換成現在網路語言，就是#）。進入護理專業領域後，我能因為一次出國參訪，帶來生命中如此巨大的轉變與成長，這真是始料未及的呢！

參與「護理人員愛滋病防治基金會」的成立

民國81年，立法委員靳曾珍麗有鑑於愛滋病帶原者日漸增多，為增進護理人員的專業知識，進而提供高品質的愛滋病照護服務，而希望成立基金會，由於她是我國防醫學院的學姊，而且我們曾於她台中榮總護理部主任的任內往來密切、經常互相支援，所以從美國實習到一整套HIV照護的我，便是她籌組與成立基金會力邀的人選。當然，我也義不容辭地接受這有意義的任務。

後來，我們接連在中正紀念堂舉辦「關懷全民健康園遊會」，在台中萬壽棒球場舉行「飛向未來、愛心無限」演唱會，為成立基金會積極募款，終於83年底募得一千萬元，84年申請基金會立

案，並順利完成法人程序，「護理人員愛滋病防治基金會」終於正式成立！

♥ 獲「第14屆醫療奉獻獎」殊榮

基金會成立後，我以工作小組主任委員的身份，參與各項愛滋病防治活動的推廣，包括：園遊會宣導、兩岸學術研討會、護理論壇、愛滋病國際會議等等，與基金會一起成長、茁壯。民國91年在基金會提名之下，我獲得「第14屆醫療奉獻獎」殊榮，100年榮獲「防疫獎勵個人獎」，很感謝基金會不斷給我服務社會的機會，也同時予我肯定。即使世代更迭，與基金會夥伴們這份從無到有的情誼不曾改變，只要有任何需要，我一定會挺身而出。

♥ 「一確診愛滋，即宣判死刑」的年代

在那個年代，大約民國82年左右，對於愛滋病只有症狀治療與心理輔導，並無特別的藥物可醫治，加上患者通常免疫力都很弱，容易感染病毒、原蟲……帶狀皰疹、PCP肺囊蟲造成的肺炎、卡波氏瘤等都是常見的感染，他們也可能因拉肚子等副作用，一天上廁所三十幾次，孱弱到不成人形，所以在病魔的摧殘下，愛滋病的存活率平均只有兩年左右，平均每個月我們會送走兩位愛滋病患。

然而，那只是少數中的少數，對許多病患來說，愛滋病仍是個

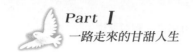
「一確診，即等同宣判死刑」的疾病，不僅HIV病患確診後充滿自責，他們還都不願意被急救，因為就算撿回了一條命也遲早要走，索性免除急救電擊、插管的痛苦，與體液感染的風險。因此，看到愛滋病患感染其他併發疾病、飽受折磨的時候，我們都會跟家屬建立好默契──「既然沒有藥可以醫治，就讓他好好地走」。所以「平安送終」是件非常重要的事，讓每位愛滋患者在心靈上得以撫慰，放心無牽掛地離開人世，是我們和家屬的心願。於是，我很自然地開始接觸這「安寧照護」的新領域。

還好，民國85年，何大一博士研發出「雞尾酒療法」，愛滋病治療才出現曙光，使患者致死率有效降低，不再是「不治之症」。我認識的病患朋友中，至今仍有幾位依然健在，這些人的共同之處，就是他們皆有強烈的宗教信仰以及家人滿滿的關愛與支持，顯示了即使醫療科技的發展仍有其限制，「心靈」卻有不可小覷的強大力量！

從「照顧愛滋」到「安寧照護」

❀　❀　❀

在愛滋病房，許多愛滋病人總會刻意隱瞞病情，非到了病入膏肓，發「病危通知」時，才不得不通知家人。當父母們聞訊趕來，了解自己的孩子所剩時日不多時，沒有一個人能受接受這事實，有的悲痛無比，有的憤怒不已，更有人遺憾萬分……看著一次次白髮人即將送黑髮人，一種淒涼的感覺油然而生，心想：「我能為他們做些什麼？」

❤ 研習「生死學」尊重生命到最後一刻

適時（民國83年）台灣「安寧之母」趙可式博士與賴允亮醫師（腫瘤科醫師），正好在陽明大學開辦「生死學」通識教育課程，關注「善終」課題的我，對於有機會向最頂尖的專家學習，滿心感謝上天給予這適時的安排，於是什麼都不想，就約了三位一樣對生死課題有興趣的護理長報名課程！

豈知，課程是開辦在每週六的上午，而我週六都有班，必須

換班、改成週日上班才能不缺課、完成整個學程。在榮總同事們與先生的諒解與支持下，那一年，我週一到週日上班上課、上課上班……雖然日子過得忙碌而緊湊，但內心是喜悅且豐富無比，很感謝他們的成全，讓我能無後顧之憂完成自己的心願！

一年的課程裡，老師們帶來了國際間有關安寧照護最新的資訊，也讓我重新思考：生是什麼？死是什麼？人為何要來此一遭？尤其趙可式博士對於每一位臨終者的同理和尊重讓我非常感動，她說：「他們跟你我一樣，也會不舒服、也會痛，只是說不出口。」所以即使病人無法表達，也要讓他們舒適和安心。為了貫徹這份用心，讓護理人員做得更到位，趙博士還拍了一系列的學習影片，其中，「拔管過程」令我印象最為深刻。影片中，護士為病人拔管前，先輕輕在他的耳邊說：「現在為了不讓你受苦，我要幫你拔除插管，會輕輕地拔。」然後，畫面特寫護士的手緩緩地抽出插管，並在插管抽出的同時，瞬間以事先準備好的氧氣罩銜接，讓病人能順暢呼吸，以免拔管後一時吸不到空氣，會倒抽一口氣，而造成極度不舒服，這是多麼貼心細膩的考量！趙老師說，即使病人拔管後一兩分鐘可能就會斷氣，也要善待他到最後一秒鐘。連這樣的小地方都照顧到了，真令人感動與敬佩！

我了解到照顧臨終病人與家屬的心情比什麼都更重要，所以我所能為他們付出的，除了專業上的醫療照護外，還有柔軟心和同理心。這些啟示，我隨即運用在愛滋病人的臨床照護與家屬們的陪伴上。我知道病人們不只是需要心靈的撫慰，還要知道未來會去哪

裡？關於這個問題，並無法從理性層面分析，我找了大量身心靈相關書籍，企圖從中找答案，以不同角度看待生死，使重病患者減少不安、恐懼，最後能走得安心、有品質。

有時，我也會找家屬們一塊兒用餐，分擔他們的心情，安撫他們的難過、無助，若問到：「我們可以怎麼辦？」我會以宗教的角度來闡述「生命意義」，遇到佛教徒就以佛教語言，是基督教徒用基督教的語言、天主教徒用天主教的語言，即使沒有宗教信仰，我也從佛教的觀點說明：生不只是開始，死也不一定是結束，說輪迴、談不生不滅……將生與死的價值賦予更形而上的意義，然後再與他們討論善終的重要、如何善終。家屬們幾乎都能接受安寧照護的觀念，希望讓孩子們好好離去。

透過這更深一層的生命體會與體貼關照，這些原本充滿自責、晦暗的生命，個個閃爍出微弱卻美麗的光輝，也教我更堅定自己的步伐。

「佛教蓮花基金會」開創在地化佛教臨終關懷

早期「臨終關懷」的理念是由各宗教團體所推廣，在佛教部分，當時的台大醫院陳榮基副院長召集台大、榮總，馬偕、林口長庚、三軍總醫院各大醫院的學佛醫療人員，成立「佛教醫事人員聯合會」，希望以宗教力量撫慰病人，達到「平安送終」的目的，無論醫師、護理師、檢驗師、復健師等，只要是學佛的醫事人員都可

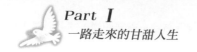
以參加，我自是率先響應！在陳榮基副院長一路帶領下，「佛教醫事人員聯合會」在民國83年改名為「蓮花基金會」，民國96年又更名為「佛教蓮花基金會」，關懷的範疇更寬闊，除了推廣「安寧緩和醫療」與「安寧居家照護」之外，也協助各大醫院設立「安寧病房」，並定期開課培育安寧療護的志工人員。

　　基金會成立初期，我擔任志工老師，協助志工人員的培訓。此外，也投入慧慈執行長所企劃的各項活動、研討會。每兩年，基金會所舉辦的「佛法與臨終關懷研討會」是我最期待的活動，每次都會邀請「臨終關懷」相關領域的傑出學者或宗教師前來與道友們一起探討這嚴肅而富意義的課題，場場都令我獲益無比。記得1995年，基金會邀請了索甲仁波切來演講，我因為他一句話：「要怎麼跟病人說話？你要牽著他們的手說話。」極為觸動！之後買了仁波切所著作的《西藏生死書》，一口氣看了三遍欲罷不能，深獲感動，備受啟發！

陳榮基董事長落實佛法：信、解、行、證

　　在醫界，有「安寧舵手」之稱的陳榮基副院長（現為基金會榮譽董事長）也是我非常敬佩的一位極具行動力的理想家與先行者！他既風趣幽默又慈悲溫暖，將畢生醫術專業與行政歷練，落實在「安寧緩和醫療」這個領域。

　　說起我跟陳董事長之間，還有一段與上一輩世交的情緣呢！

在爸爸那個年代，新竹有三大名醫「三足鼎立」，一位是北門的爸爸，一位是東門的李博士，一位則是西門的周炳煌醫師，台大出身的周醫師也正是陳董事長的岳丈。印象中周醫師待人謙和，總是笑咪咪的，又因為與爸爸兩人都學佛，經常一起研習佛法，我們兩家人走得很近。孩子們更是因為年齡相仿，不但彼此是同學，也常常出入雙方家裡作客，相當熟悉。大女兒肇芳姊（大姐的同學）後來在護理界非常傑出，成為台大護理部主任，並嫁給陳榮基醫師。所以我每次遇到陳董事長都覺得格外親切，就好像認識了很久一般！

民國84年陳董事長在台大醫院開辦安寧病房後，更於87年首度在台大醫院安寧病房開辦靈性照顧模式研究，及「臨床佛教宗教師培訓計畫」，培育專業的臨床宗教師，來安慰重病患者對死亡的恐懼與不安。這在當時是件既花費金錢（每年需投入250萬元培訓經費）、耗費心力，又爭議不斷的苦差事。然而，董事長輕輕一句：「有需要就去做，佛菩薩會樂見其成」，義無反顧地一心執行。二十多年來，宗教師培訓雖然耗費了基金會二千多萬元經費，但許許多多的病人在生命最終階段願意放下懊惱、悔恨與執著，與自己與家人和解，共同完成最後一程，宗教師的靈性關懷與啟發功不可沒。

後來，陳董事長又發現：照護人員若能主動深入社會各角落，幫助居家安寧的病人與家屬，不是能照護更多人嗎？於是在民國102年全力促成「大悲學苑」的設立，再一次實踐佛法修行的次第：信、解、行、證，讓學苑所培養的更多靈性關懷人員，從醫院

走入社區，將慈悲的種子散放到社會的各個角落。

曾經有人問他：「許多受過大悲學苑靈性關懷的病人家屬，常會因感謝而主動捐款，但這些資源都不是基金會的，既然臨床宗教師是蓮花基金會靠辛苦募款培訓出來的，何不順勢承接後續延伸？」董事長依然笑笑地說地說：「做有意義的事情比較重要，募款就由蓮花基金會來傷腦筋。」教授的大氣度與大擔當令我佩服不已。難怪，民國107年他獲得第13屆港澳台灣慈善基金會──愛心獎，110年更獲得第11屆總統文化獎──人道奉獻獎，陳榮基董事長的善行善舉，獲得各界的肯定與表揚！

為榮總「安寧病房」催生，舉辦義賣會

民國83年，在趙可式老師以及多位學者、醫師的推動下，台灣「安寧療護」的觀念不僅萌芽，更迅速發展。84年在馬偕醫院設立了第一間安寧病房，緊接著在同一年，陳榮基副院長也促成了台大醫院的緩和病房，也就是6A病房的成立。經常出入「蓮花基金會」參與運作的我，耳濡目染下，腦海中也曾閃過「榮總安寧病房」這幾個字，但自知這可望而不可及，尚需要天時、地利、人和。

一天，我在基金會遇到陳榮基董事長，他開玩笑地說：「蘇逸玲，你要不要跟你們副院長說：台大有，榮總沒有喔！」那時，基金會共有四位董事是隸屬榮總的醫護人員，他知道我最正直、熱

血，特別對我寄予厚望，希望我能回榮總大力鼓吹。而我還只是個小小護理長，豈可「直達天廳」、向位高權重的主事者程東照副院長通報？我急著搖搖頭、連忙說不，沒想到一旁的胡漢華主任也跟著附和，要我「起義」，他來「響應」。只記得當時我聽了整個頭皮發麻，因為這根本是「不可能的任務」嘛！

碰巧，在我負責的病房中住著一位病人，她正好是程副院長的老病人（貴賓的母親），肩負著大家的期待，我心裡暗自揣想：如果副院長能來病房探望他的病人，我就會跟他說。於是，內心開始默默地向觀世音菩薩祈求。沒想到第三天，副院長果然來看這位貴賓的母親。等他探視、檢查完後，我立刻向前、鼓起勇氣向副院長說：「我有一件事想向副院長稟報。」沒想到他聽完我的話之後，覺得很有意義，立刻點頭同意。隔月（我記得是 6 月天），他就和陳榮基醫師碰面，並找齊了榮總相關單位一起來開會，包括：護理部、會計室、腫瘤科、家醫科等單位一同討論。副院長展現了十足的魄力和行動力！

然而，真正的問題才開始。

首先，副院長原本想請腫瘤科來主導安寧病房的設立，但是腫瘤科醫師搖搖頭說：「我們醫師的目的要救活病人，怎麼會把他們送進安寧病房呢？」說完拂袖而去。大家面面相覷後，院長裁決由家醫科來主導。

會計室聽說要新設安寧病房時，直接兩手一攤表示沒有預算，我小聲地跟一旁的胡漢華主任說：「那辦個義賣會吧！」沒想到，

他聽完之後，大聲說：「蘇護理長建議辦義賣會！」副院長也立即看著我說：「好啊！那妳就跟家醫科一起合辦！」，我還沒回神，就又被莫名其妙拱到第一線。7月份程副院長榮升院長的上任演說中，「成立安寧病房」便是他的重大政策之一。

隔年過完年「為安寧病房，舉辦愛心義賣會」便正式啟動，而這次義賣會，讓整個榮總上上下下全部動了起來！雖然主導單位是家醫科，但因為榮總同仁之間的感情一向密切融洽，只要是全院的事，不只是醫生、護士，就連文書班長、事務員、看護、阿嫂……大家都不分彼此、義不容辭地參與其中。那陣子，大家見面就問：「你有什麼可以拿出來義賣？」我也把自己的辦公室清出來，用作小庫房，收納大家的義賣物品。

果然在宣傳廣告、院內BBS站，以及大家同心協力的推波助瀾，以及程東照院長率先捐出一座琉璃工坊的「觀世音菩薩像」之後，其他科室主任、醫事人員也陸陸續續捐出七十多件物品，讓我的小庫房一下子就裝滿了，全院的團結、向心力展露無遺！

這樣還不夠，除了在院內推動，我們還需要外力的支持！適時，藝文界名主持人張小燕的父親，正好是胸腔外科黃主任的病人，由於剛開完刀，張小燕的姊姊經常出入醫院。透過黃主任引介，我們跟張小燕碰上面。有愛心的她正好也關注安寧照護的主題，便一口答應幫我們宣導。我們也主動安排相關人士上當時最夯的談話性節目「小燕有約」。那一集有趙可式博士、賴允亮醫師、台大陳榮基副院長，還有我們榮總的胡漢華主任、家醫部蔡世滋主

任……這些人可都是當時推動安寧照護的前驅、響噹噹的人物！節目中也提到榮總正在興建安寧病房的計畫，邀請各界人士支持、響應。果真，在媒體的推波逐瀾下，我們一下子便募集到上百萬元的善款。我記得那次大嫂的媽媽收看節目後，深受感動，也捐助了一百萬元！

拍賣會終於到了！從4月30日開始連續進行三天。我們請到當時活躍於螢光幕的杜滿生（他也是病人家屬），與廣播界的蕭遙先生同時擔任主持人，與會貴賓則有前總統馬英九（當時是國民黨政務委員）、風靡一時的小王爺陳麗麗、聲樂家簡文秀、歌星于璇……等人，政壇、藝文界、戲劇界名人一起共襄盛舉！

我的書法老師吳大仁老師，在這三天當場在T恤上作畫義賣，用筆下的一朵朵蓮花象徵善行善念連連、大愛永存；而兩岸三地知名的超塵老和尚也當場揮毫，寫下「如意」二字，我以11萬元標下，並致贈給蓮花基金會。到現在，一進到基金會，便能看到這寫意流暢的兩個字在入口明顯處。而程東照院長捐贈的琉璃「觀世音菩薩像」則拍賣出26萬元的高價！

那時，還傳出一段佳話。我的恩師曉雲法師所提供的一尊清朝的「千手千眼觀世音菩薩」木雕，後來由我大嫂的媽媽標到；然而，因體積龐大，家裡的客廳沒有足夠空間擺放，後來還是送回曉雲法師的寺廟中，我們笑說：「這是觀世音菩薩出巡呢！」

這場籌備三個月的義賣會圓滿落幕，義賣所得高達新台幣一千七百萬元！遠遠超出預期目標，全體同仁都激動而興奮！「這

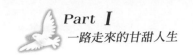

是我們共同努力的結果！」此事也讓我們深深體會到「制心一處，無事不辦」的道理，只要齊心齊力、朝同一個目標，沒有做不到的事！

「大德病房」人本設計的各項空間設施

順利籌措到資金，安寧病房的建置終於要正式啟動！中正樓21樓的右半側開始施工、進行修繕工程。設計師的規劃很人性、充滿溫馨，首先，他預留戶外空間，打造了一個充滿植物花草、綠意盎然的「空中花園」，使每個走進花園的人都感受到自然的魅力，也體會到花開花謝猶如生命的有始有終，都是大自然的規律；而花園中還設有魚缸，養一池魚兒，看著魚兒在水裡游來游去，也相當紓壓和療癒呢！

在病房規劃上，隔出雙人、單人兩種形式、共16張病床的空間，每個房間都很寬敞，且以象牙白、淡粉紅為基調，讓病人一眼望去清爽舒服。病房中，還有會談室供家屬休息或是與醫師、心理師等談話。

安寧病房跟其他病房所不同的是，除了護理師、醫師之外，還設有復健師、社工師、心理師與宗教師共同照護病人身心靈的各項需要。「超音波洗澡機」是必要的設施，它能使不方便移動的病人，移至專用洗澡間，享受舒舒服服、乾乾淨淨的泡澡。而此洗澡機分別由蓮花基金會與鴻海集團負責人郭台銘各捐贈一台，讓每位

住進安寧病房的病人，一入住就能有此生最舒服的享受。

病房與病房的中央處，還設置了交誼廳；這裡是讓人放鬆、互相交流、有人陪伴、共同歡樂的空間。每逢大節慶，我們都會在交誼廳舉辦聯歡活動，邀請病友唱歌、表演。常常一開始，在大家不好意思唱，你推我、我讓你的時候，我那從小就有的「俠女魂」便上身，立刻喊「我來！」便跳上前拿麥克風，先暖場唱過幾首歌後，再招呼大家一塊兒同樂！

交誼廳也是上演「大和解」的空間。若遇到與家人「心有千千結」的病友，我們會安排社工師、心理師來引導做深層了解與溝通，慢慢引話而出，把結打開。「家族排列」是常使用的引導技術，我們會請病人找出他關係裡最密切的幾個角色，即使不是本人在場，老師也會請別人代替，讓心理師引導他跟這些角色互動，理出糾結心中的難處、痛點，進而勇敢面對並慢慢化解，減少人生的遺憾。看著許多病人在這即將走到人生盡頭之際，終於放下心中大石，釋懷後失聲痛哭，我們也忍不住默默掉淚……「何苦呢？折騰自己和家人，早點說開不就好了？」我告訴自己，絕不勉強自己和他人，有話儘管說開，誰也不要有牽絆和罣礙。在死亡的面前，我一次又一次學到人生的道理。

還記得「希望的13樓」嗎？安寧療護自然要搭配「祈禱室」，依照自己的宗教信仰，在佛堂、祈禱室等等不同的空間中安定自己。這小小的房間，不僅乘載許多擔心、壓力與害怕……還有許多勇氣、信念和希望，在需要的時候，隨時安撫病人與親人朋友的心

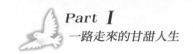

情。若「告別」的那一刻到來，在同一層樓設置的「往生室」則供家屬、朋友們祝禱，送最深的祝福給逝去的人。

半年後，安寧病房的軟硬體設施完成，所有接受過安寧療護訓練的護理人員也一切就緒，民國87年，榮總的安寧病房「大德病房」正式啟用！這不僅是榮民總醫院歷史性的一刻，也是台灣醫療界的大事！

然而，一開始仍有不少醫生以「治癒」為前提，不願意放棄，所以並不歡迎、也不看好安寧療護，自然更不可能主動向病人介紹安寧的理念。於是大德病房的醫師得主動進入各科病房了解病人情況，當發現病人情況嚴重，便與該主治醫師協調，說明「安寧共照」的意義，讓病人與家屬們知道「安寧」不是「選擇死亡」而是「守護生命結束前的品質」，他們才漸漸改觀。當觀念改變後，病人也一個一個住進來了。

但也不是所有病情嚴重的病人都能入住，「意識清楚」是前提，戴呼吸器與洗腎病人不合適住進。

初期，這裡的病人大都以癌症末期為主，或是比較有概念的醫生、護理師的病人（尤以腫瘤科居多，急診室與外科醫師相對較少），醫護同仁也會安排重症病人來此；開始有人分享親人入住後的良好經驗，加上三大安寧療護體系：蓮花基金會、康泰基金會、安寧照顧基金會（基督教）全力倡導後，觀念慢慢普及，慢慢地，「大德病房」的入住病人化「被動」轉「主動」，經常16床滿位，一床難求。

♥ 四道人生，讓人生無憾

來到大德病房的病人會受如何妥善的照顧呢？當病人申請到大德病房後，安寧病房醫師會與原主治醫師進行會診，了解如何接手做適當的疼痛控制；進入病房後，病人就有舒服的超音波泡澡等著，只要躺在特殊病床上，隨著床浸入浴池，便能洗一次全身、濕式而乾乾淨淨的超音波澡，這對某些因重病無法下床，只能擦澡的病人來說，是非常稀罕而奢侈的享受。

醫師、護理師、心理師、復健師，甚至法師等所有「安寧共照師」聚在一起討論，也是必要之事。舉凡病人身心狀況、疼痛治療、心理問題、家屬是否支持？支持度如何？都是討論的範圍。有充分溝通與共識後，便各司其職為安寧病人服務。此外，護理人員每天都會進行 Morning Meeting，掌握每張病床、每個病人、每天不同的變化，隨時調整照護的方式。

「四道人生」也是為安寧病人安妥身心的重要環節。我們在病人意識還清醒時，會安排家人們一個個與他道謝、道歉、道愛與道別（四道人生），唯有放下遺憾，才能圓滿此生。若與家人有心結，或有尚未解決的問題，我們會請家人們全部到場，進行「家庭會議」，試著當和事佬，協助彼此化解心結，重新建立家人之間的緊密關係。

進入「大德病房」的病人，通常平均在此停留的時間是二至三週左右，也有些人因為受到妥善照顧，而延長不少時間，甚至病症

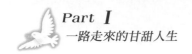

減輕而出院。無論在此停留的時間是長是短，「讓所有病人舒適、安妥、無憾」正是「大德病房」設立的初衷，也是每一位參與「安寧緩和醫療」醫護同仁的心聲。

一開始，因為精神科正進行「安寧病人」的研究，「大德病房」是由精神科的督導管理，雖然不是由我負責，我仍責無旁貸，並將安寧照護的精神導入所照顧的各科室中，尤其是感染科的愛滋病房。

在愛滋病房裡，有許多感人的故事發生，後來我集結成一本書「愛滋病的臨終照護」（由護理人員愛滋病防治基金會出版），裡面有11個真實故事（見第二部分：愛滋照護的感人故事）。同時，更加入安寧護理學會，並擔任理事。

到了民國96年，「大德病房」正式由我接手。

💗 展開「超級任務」為病人圓夢！

此時，「大德病房」已成立將近十年，「是不是該給它一個新氣象？」這麼想著的同時，我的熱血再度沸騰，雄心壯志燃燒著，即使當時同時負責六個單位，每天忙得馬不停蹄，我依舊深信「大德病房」可以有更多不同的可能性！

「我們來幫每個人圓夢，讓他們含笑而終吧！」我提出這個想法，果然獲得大德病房同仁們的熱情響應，一次又一次的「超級任務」就此展開！

「阿開」是一位肝癌末期的病人，他是個出生時連眼球都沒有的視障朋友，然而，他天性樂觀，具有音樂方面的天賦，並精通各式各樣的樂器，像是手風琴、電子琴、鋼琴、與胡琴都玩賞自如！「獨樂樂，不如眾樂樂」他甚至邀集五位視障的朋友，一起組「五隻眼睛」合唱團，由他們演唱，阿開來伴奏。為什麼是五隻眼睛？原來那五位朋友每個人都僅有一只眼睛看得見，加起來就是五隻眼睛。取這樣的團名，不但有話題性，還看得出這些朋友開朗的個性，所以是不少活動邀約的對象。

然而，阿開生病後，合唱團就只好中止練習，連帶地也無法再參加任何活動。我一聽說有這號人物住進「大德病房」，便去找阿開聊他的音樂、他的合唱團，我問他：「像你這麼有才華的人，來辦一場音樂會如何？」原本虛弱的阿開，突然提振起精神，轉向著我的方向，不假思索地露出笑容說：「好喔！」

那天是 5 月 20 日，當時的他被評估只剩下兩週生命。

接下來的進展相當快速，我們跟著時間賽跑著……阿開重新找回團員，大家開心地選曲、練習，就像以前一樣；而我呢，除了組內同仁，還找了義賣時期已培養良好默契的家醫科醫護同仁們與總務室一起舉辦。由於阿開是基督徒，Good TV 也表示要全程錄影播出。於是，兩週後大家都準備好了。

那是 6 月 2 日，Good TV 一早就來中正樓大廳架設舞台，我們也早早把椅子都排好，等待下午的演出。我為阿開貼好了止痛貼片後，牽著他下樓與團員們會合，在團員們試音的時候，也幫他捏捏

肩膀、按按手掌穴道，紓解一些緊繃與疼痛，我請他放鬆心情，做最棒的演出！心裡也暗自祝福他有體力能撐到最後。那時的他，雖然削瘦羸弱，但是臉上閃著光芒，聽到愈來愈多人群聚集的聲音、聽著現場廣播倒數計時……他很開心也有點緊張，不過驕傲和滿足全寫在臉上。

兩點整節目開始，阿開在眾人掌聲中上台，上台的步伐穩定而有力，那兩個小時，他把所有擅長的樂器全都演奏過一遍，一會兒手風琴、一會兒電子琴，一會兒以胡琴穿插帶有中國風的合唱曲……帶著墨鏡的他帥極了，一直笑著，絲毫不喊累，全場500多人的目光全在他身上，有時還一起跟著合唱；最後，唱到「你是我的眼」時，全場動容，許多人默默拭淚。這場盛大的音樂會圓滿落幕！原本睡不好的阿開，在完成心願的這個晚上，睡得極為安穩、深沈。兩週後，他安詳捨壽，得年43歲。

另一場音樂會，是為了音樂家李中和教授而舉辦。那時他已經93歲，罹患肺癌末期，因為他的夫人是華梵合唱團（曉雲法師創立的合唱團）的指揮蕭滬音老師，我們有深一層的關係，所以一入住後，我就邀請李教授來舉辦一場音樂會，他也是一口就答應。為了這「最後一場」音樂會，他跟夫人很慎重地選曲，要從上百首作品中，選出有代表性且能迅速上場演出的曲目並不容易，兩人頻頻交流、討論，當然也有意見相左的時候；看著他們說說笑笑，似乎回到了從前，而李教授臉上的病容也像是消失了。

到了當天，因為李教授已無法坐起，我們把整張床推到一樓大

廳，讓他參與他的音樂會；而榮總的院長、副院長、家醫科主任也紛紛蒞臨現場，加上現場嘉賓、病人、家屬等共300多人一同聆聽了這場感人的音樂會，而李教授的女兒也是合唱團中的女高音，還特別為父親獻唱！整場音樂會，李教授時而專注聆聽、時而閉目微笑，像是享受，也像是在回憶過去他近百歲人生的點點滴滴，神情欣慰且愉悅。音樂會結束之後，他很開心，覺得心願已償，特別在隔天晚上請我跟他們全家人一起用晚餐，我記得那天他們準備了豐盛的日本料理，我們愉快吃著聊著，李教授的氣色也不錯，然而，隔天他便在睡夢中安詳離世，了無牽掛，完成他這一生偉大的旅程。

還有一次為癌末的榮民伯伯圓夢，也讓我們印象深刻。

某次大選前，這位榮民伯伯嘆氣說：「我好想投他一票，但應該沒機會了。」那時距年底選舉還有六個月之久，伯伯希望把選票投給他最喜歡的市議員，但他被評估只能再活兩週，我們「超級任務」小組討論之後，決定再出動，為他圓夢！

於是交誼廳便改裝成「投票所」，大家動手一起製作出票亭、選票單以及印章；煞有其事地安排了一天「投票日」，扶著榮民伯伯去投票。伯伯那天好興奮、好投入也好感謝！進入票亭後，用抖動、不聽使喚的手按下印章、摺好票，再緩緩走出票亭……沒想到還有壓軸戲等著他，原來，那位他最欽佩的市議員丁守中先生，得知此事後，特別來到「投票現場」，感謝伯伯的支持，並為他加油、打氣！老伯伯開心得連眼淚都流出來了，這一幕也讓我們感動

莫名呢！隔天，伯伯完成心願而安詳捨報。

看著病友們在人生的盡頭，能暫時忘卻身上的病痛，做自己喜歡的事，感受到人生的圓滿，我們也覺得欣慰！我更是只要他們會什麼、喜歡什麼，都奉陪到底。像是愛唱歌的人，我就跟他們在交誼廳一起唱「那卡西」，一首接著一首唱，病人唱得心花怒放，連嗎啡都不用打了！

還有一位榮民伯伯深愛麻將，但是很多人不會，我索性請他來教大家。記得有一次，兩位實習醫師、一位法師陪他湊了一桌打麻將，而我在旁邊幫忙泡茶，伯伯一邊自己看牌，一邊教別人「這裡要吃！」「這樣叫做碰！」「他這張丟出來，你胡了！」大家玩得很開心，伯伯也教得好得意，他做了他喜歡而擅長的事。

死神不曾手下留情，但「大德病房」協助許多病人帶著愛、留著笑靥，向這個世界告別，讓他們將自己的人生劃下圓滿的句點。

全台的安寧病房，從最早不到十家，到現在已有八十多間醫院設置，除了是大家對生死已有更豁達的看法，制度的改變也是推進動力，像醫療法後來規定：只要醫療機構申請為一級教學醫院必須設置「安寧病房」，便是最明顯的助力。我非常榮幸在台灣安寧照護剛萌芽時，便參與榮總安寧病房的催生、規劃、設置與發展，這是我人生中非常重要、非常有意義的一段旅程。

3

與趙可式博士情深緣厚、亦師亦友

走上安寧緩和照護這條道路，「台灣安寧之母」趙可式博士一直是我的明燈，為我指引方向。

說起與趙老師的緣分，在當年上完陽明大學所開辦的兩學期、關於「生死學」的通識教育課程之後，我非常感佩老師對臨終生命「以人為本」的貼心和細膩，對於她說：「人是有溫度的」，提倡「做有溫度的照護」甚為感動與認同，所以上完課，立即在榮總愛滋病房積極推動安寧照護。

追隨老師，共同推動安寧照護

民國86年，在「護理人員愛滋病防治基金會」的邀請下，我為《愛滋病護理手冊》書寫有關「愛滋病的臨終照顧方式」，當完成後，我謹慎地請趙老師過目，她不僅悉心指導並給予多項建議，也知道了我在安寧療護領域的努力，所以當榮總安寧病房籌募基金時，老師便義不容辭同意參加「小燕有約」節目，為我們站台，助

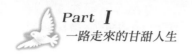
我們一臂之力！

　　為促使安寧照護在台灣全面深根、落實，各方宗教團體率先響應，並密集聚會討論，身為天主教徒的趙老師經常代表康泰基金會，我則追隨老師的腳步，代表蓮花基金會與會，多年來我們亦師亦友，一起推動安寧照護，也看見安寧照護漸漸受到各方重視。

　　民國83年馬偕、耕莘醫院率先設立安寧病房，接著台大醫院於84年設立，台北榮總醫院在86年成立大德病房、87年成大醫院也設立，到了民國94年全台各大醫院已普遍具有「安寧照護」理念後，趙老師成立「安寧緩和護理學會」並邀我加入理事，我自是不容推辭、備感榮幸；在趙老師連任兩任理事長面臨改選之際，老師說：「蘇逸玲妳來當，妳有行政實務經驗，會做事。」力薦我擔任理事長，於是我也連續擔任了兩屆理事長。為答謝老師的器重，我更是戮力推動，親上火線也無畏無懼！

　　有一次，各大醫院、協會計畫在健保局開會，針對「安寧照護人員要專科？還是專責？」進行討論，所謂專科，就是讓醫療人員同時兼顧病房、居家與共照的安寧病人；而專責便是將這三種需求分開，專一職責、全心照顧，並不是「包山包海」全面通吃，我們學會站在病人的立場，當然希望通過「專責照護」；然而，尚未開會前，便得知幾間大醫院不願意付出這較多的人事成本，已大規模動員，企圖阻攔「專責照護」的通過。趙老師見情勢不妙，對我說：「妳去打一場勝仗回來！」於是我做足了前往會場。一去，果然見到對方找來八個人坐鎮，一字排開，對仗意味甚濃，氣氛緊

繃，大家就各自主張論述後爭論不休、僵持不下，我見情勢膠著，決定直搗核心，向著主要人物說：「請問主任，如果你有女兒，你會願意她做專科，什麼都接，做得沒日沒夜嗎？」「護理人員真的不是神，不能什麼都做、做到累垮，如果你是病人，你要這種沒有品質的照護嗎？」對方一時結舌答不出話，後來，成功通過「專責照護」！

♥ 睿智果斷、執行力佳，安寧療護遍地開花

這麼多年來，跟著老師一起做事，我們培養出不少革命情感，而她最令我尊敬之處是她的睿智、細膩與心胸寬厚。由於她了解「安寧照護」對醫院來說並不是賺錢的服務項目，勢必不容易被重視，於是她親自拜訪當時的立法院副院長，邀請政府官員與立法委員去耕莘醫院實地了解安寧療護的意義與重要性。果然，從上而下，成功推動以政策做助攻，發揮極大效果！「安寧病房」成為所有醫院評鑑的必要條件，便是其中一項成果！

趙老師不僅思慮清晰、口條好，出現於媒體、各演講場合推廣安寧照護的理念，老師的文筆也流暢有力，撰寫了許多本著作，其中《醫生與生死》、《安寧伴行》最令我感動，裡面細膩地描述「死亡」這一般人難以面對的生命課題，什麼是善終？如何尊嚴而終？字裡行間盡是溫柔的凝視，令人動容。趙老師與我同年，只比我大五個月，但她所做的事比我多太多太多，實在令我由衷佩服。

💗 向下一個里程碑「舒適護理」大步前進

當「安寧療護」已在全台醫療體系遍地開花,這幾年,老師開始推動她另一項計畫——「舒適護理」,也就是讓所有在醫院的病人,都能有更為緩和與舒適的照護,這項計畫對於侵入性治療,像是飽受抽痰之苦、鼻胃管灌食的病人與家屬而言,確實是莫大的福音!趙老師曾親自床邊帶教,教大家如何為一位便秘嚴重、體內有糞石的病人清腸。一般醫院會以浣腸劑來處理,令病人不僅面對原有的疾病之苦,還要深受直腸激烈蠕動的痛楚,老師則改以橄欖油為灌腸劑,在為病人灌注時,無論角度、手法皆相當審慎細膩,像是面對藝術品一般,一次又一次,直到糞石被軟化、被清理出來。「安寧療護之母」西西里‧桑德斯女士(Cicely Saunders)說過一句名言:「你是重要的,因為你是你。即使活到最後一刻,你仍然是那麼重要。」趙老師確實貫徹這句話,她不僅讓即將離世的人,能以最尊貴的姿態告別,也透過妥善而細膩的處理,與深度的溝通,令所有生病的人感受到自己的這份尊貴。

第三章

童年的點點滴滴，
模糊而真實

這裡是起點，是我之所以成為現在的我的原因。因著
「大人吩咐，照單全收」的單純聽話，我也學會最多、
收穫最大。

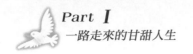

阿公：孩子們要活得有骨氣！

❋　❋　❋

　　五歲之前，我們一家人以及伯父、伯母全家都跟著阿公阿嬤住在一起，那是一個長條形、兩層樓的透天厝，上下一共200多坪的空間，就這樣14口人熱熱鬧鬧地共享，所有生活作息、吃喝談笑、喜怒哀樂全緊緊地挨在一起。

　　阿公是賣水果起家。聽阿嬤說，最早阿公每天騎著三輪車，由竹北到新竹的大盤商載貨來竹北沿街賣，有一些積蓄之後，才買下現在位於北門派出所對面的古厝，開起了雜貨店。

　　阿公和阿嬤一共生了三兒七女，儘管孩子生得多，仍很重視家教和禮數，對孩子們不僅要求規矩，自己也以身作則，嚴嚴謹謹於行事、坐臥。即使身處「男主外女主內」的時代，他也希望無論兒子或女兒，不論主外還是主內，孩子們都要有本事，能獨立，並擁有經濟自主的能力，「不能讓別人看不起！」所以，大兒子（伯父）後來成了新竹商業公會理事長，二兒子（我父親）是頂著日本醫學博士的小兒科醫師，三兒子（叔叔）則是台大經濟系畢業的財經專家。女兒們呢？即使開枝散葉嫁到不同的家庭，也個個帶著父

母的家訓，善於持家、理家，成為先生的助力、家中的支柱，甚至每個人在家都「一言九鼎」，帶有「我說了就算！」的氣勢呢！

印象中的阿公，雖然常常對我們都是嚴肅的模樣，但對鄰里、朋友卻海派、重情義，雖說是生意人，卻沒有市儈氣，而且經常給鄰居們方便，買東西先記帳，方便了再付就好，所以生意一直都很好，在新竹地區赫赫有名，人人都叫他「雞單」（雜貨界的老大）。我記得那時阿公的店很大，從北門街通到後面的一條街（後北門街），幾十米，裡面吃的、用的什麼都有，滿滿都是，而且我們需要什麼，就只管跟阿嬤說一聲，便自行去取。物質上的不虞匱乏，奠定了我們童年時期滿滿的安全感。

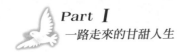

阿嬤是我生活的啟蒙老師

�֍ �֍ ✖

童年的記憶裡，阿嬤占有非常、非常重要的位置。

相較於阿公對朋友和客人的大方海派，阿嬤就顯得內斂、細膩許多，總是她打理店內上上下下的事，而我就是她的最佳小幫手。我上有一位兄長一位姊姊、下有四個弟弟，手足當中，我最乖巧聽話，只要大人吩咐的事，我都照單全收，從小就有「憨卿」之稱，後來長大才知道，我也因此學會最多、收穫最大。

💙 從頂真掃地，教我認真做人

印象中，阿嬤會帶著我一起清掃，從店頭掃到店尾，「要清理到每個牆角細縫，才算掃地。」就像「洗臉要洗到耳後才算洗臉」一樣，她知道我們總是為了貪玩，想盡快結束苦差事，可能會草草了事，所以會盯著我仔細清掃；從外圍集中向內、由芒草掃帚的邊邊循著牆壁的角角，順同一個方向，集塵到一定的程度，再一口氣掃入畚箕裡。每一次的「一口氣」都是那麼有儀式感和成就感，而

且總能得到阿嬤的稱讚，令我感到開心和驕傲！如今也領悟到：不只是掃「地」，也要掃「心地」，心地的塵埃若不清除，便會愈積愈厚，有時需要向內看，將心頭上的塵埃一點一點清除。

那一年，我四歲，一條長長的走廊，有著阿嬤佝僂的背影，和拿著高過身高掃帚在清掃的我，那小小的身影。

慢慢地，阿嬤也教我顧店、招呼客人，以及如何使用秤。那個年頭用的是手工木桿秤，要一個小小孩提起木桿，一邊掛商品、一邊掛秤砣，不掉落就不容易了，何況小手還得穩穩拿好，並一點一點地調整到兩邊都不歪斜的位置，更是難上加難，但是，這對我來說似乎輕而易舉，我的巧手和細心讓阿嬤發掘了！於是，阿嬤自動幫我升等，開始教我更複雜的數字計算，「一斤一塊六，人家拿兩塊，妳要找多少？」當客人來買東西的時候，讓我試著跟數字打交道，在生活裡時時進行著機會教育。當時跟阿嬤這麼一來一往地像是猜謎解題，我只覺得好玩，絲毫沒有壓力，也就是這樣潛移默化培養了我的數字概念，到現在，只要是跟數字有關的，舉凡時間、金錢……我都記得清清楚楚，應該就是那時奠定的基礎吧！

像辦家家酒，學會家中大小事

除了店內的事，阿嬤也培養我做家事，舉凡生火煮飯、女紅……甚至敬佛的禮數，她都全數教我做，而我也當作是辦家家酒，一邊做一邊學，就算做不好，阿嬤也只會笑笑說：「免要緊，擱一遍就好。」給我一遍又一遍的機會練習。

　　為了餵飽家裡 14 口人，廚房有兩個大灶，而如何起灶、將火點燃是門學問。阿嬤教我選小木片來引火，等木柴邊緣冒出了一圍紅圈，再開始煽風，把火舌用力煽出來了！隨著火光在眼前愈來愈大、愈燒愈旺盛，嘴角的微笑線也愈咧愈大，連雙眼也愈來愈亮，像天上的星星！至今仍能感受小小年紀那種每次生火都有的單純快樂！

　　阿嬤很擅長女紅針黹，在她一針一針的教授下，我成了她的得意門生，不只是簡單的縫扣、補洞都能做得平平整整，刺繡的各種針法：平針、直針、藏針、千鳥縫、十字繡、結粒繡……小小年紀的我，也做得有模有樣！我相當享受每一針、每一線織成的錦繡世界。後來上了初中，家政課的縫縫補補對我而言輕而易舉，所以常常以速度最快、完成度最高，成為老師讚賞、同學們稱羨的 No1！

　　在我三歲時，阿嬤教我用台語背誦三字經。她雖然沒有念過書，卻比誰都認真落實經文中的道理；因為篤信三字經中的「勤有功，戲無益」，她的作息相當規律自制，每天七點前一定起床，起床後，摺好被子，也梳理好頭髮、盤髮、撲網、插簪，一定要整整齊齊才願意出房間；而「勤有功，戲無益」這句話也深深影響了我，成為我人生中的第一個座右銘！

一起迷民間戲曲，跟著追星去

　　阿嬤喜歡聽歌仔戲，我們家附近的城隍廟前就經常有酬神祈福的演出，那時，我總是跟著阿嬤，一手牽著她、一手拎著竹凳，

坐在戲台前，仰著頭看一齣齣的戲；在那個什麼都還懵懵懂懂的年紀，我從改編的歷史故事裡認識了忠孝節義、摸索著什麼是好人跟壞人，也似懂非懂地萌生情愫。那時，我跟阿嬤一樣，迷上了女扮男裝的「小生」，祖孫倆常為了心儀的小生前來演出，興奮不已！有時還偷跑進後台，只為看小生一眼，就心滿意足。當年的阿嬤忘了年紀、忘了身分，就像時下的追星族一般，雙眼隨著舞台上所心儀的當家小生游移，閃爍著光芒，就像個少女，美麗極了！

這「愛看歌仔戲」的嗜好一直延續著，到了初中，接觸了黃梅調，就演變成「愛上黃梅調」。在那個年代，轟動一時的「梁山伯與祝英台」是全台灣人的最愛，記得「梁山伯」凌波來台灣的時候，萬人空巷，整條街擠得水瀉不通，在新竹的我，只能從報紙的大頭條感受明星蒞臨的熱度。不過，這齣戲我不但看了20幾遍，熟到可以倒「唱」如流，到現在如果再拿來看，依舊像第一次看一般，仍會為劇情所感動，尤其梁山伯唱到「樓台會」時，眼淚仍然會不住地掉下來，因為它已觸動我的心靈深處，就像是自己曾發生的故事一樣呢！

阿嬤的高EQ維持一家和諧

阿嬤一輩子認認真真過日子，實實在在地對待身邊的人，「人人好」的個性，得自她的心胸寬大、知足常樂。而我最佩服阿嬤的是她「不兩舌、不道長論短」的沉穩與智慧。

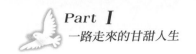

　　她一共生了三兒七女，不僅三個兒子在不同領域各據一方，女兒們也嫁到各地不同的家庭，開始新的生活。由於際遇不同，每次全家人相聚，難免會有比較，孩子讀哪裡、功課如何？換了什麼車、搬到哪裡去……經常，只要有人開頭說自家人哪裡好哪裡好，接下來就會有人吃味甚至反嗆。還好，就在讓人似乎要嗅到煙硝味時，阿嬤總會適時出面，用讚美來化解可能發生的衝突；有時聽到兒女們在背後說別人閒話，阿嬤不助長也不制止，如如不動地笑說：「阿捏嘛好啊！」四兩撥千斤地把是是非非降到最低，讓想說三道四的人覺得悻悻然而結束話題，相當有智慧！久而久之，家人們不再道長論短，也不想比東比西，慢慢地懂得欣賞彼此的優點，互相尊重。

　　用智慧和寬容維護這麼一大家子的和諧，而且培養出一個個為在地貢獻的優秀子弟，難怪阿嬤五度榮獲新竹市政府頒發的「模範母親獎」，這真是實至名歸呢！

　　直到92歲壽終正寢前，阿嬤都是全家人的太陽，以及最令人安心的港灣。阿嬤對我的影響，實在是細數不完，而我對她的懷念，更是訴說不盡。到現在，偶而我還會想起小時候幫她捶腳、捶到睡著的畫面，那是只有我們兩個人獨處的難得時光，依稀還聽見她溫柔說著：「憨卿揪乖，去睏去睏！」

爸爸是我心目中那座高聳的大山

* * *

爸爸那個年代，是受日本教育的年代，從小他的功課就一直名列前茅，但是因看不慣日本人欺負台灣人，時常出手打架，因此多次被學校停學以示懲罰。多次復學並穩坐學業成績前三名的他，做了一個決定！「要去日本唸書，就不會被日本人看輕！」於是，他二十歲不到，便帶著三百銀元赴日深造。

當爸爸以優異的成績考上東京昭和醫學大學時，在新竹地區掀起了不小的旋風，這可是我們蘇家風風光光的大事呢！學成之後，爸爸還因為表現傑出，受邀擔任日本御醫的小兒科助理，為當時還是孩子的「明仁天皇」看過病呢！

東京昭醫大畢業後，他回台灣與媽媽因介紹而相識。媽媽有著荷蘭血統，明眸皓齒、皮膚白皙，且媽媽的外公曾任清朝大臣，官宦出身的她氣質非凡、落落大方，令爸爸一見鍾情，讓這門親事很快就敲定了。結婚後，生下了大姊，爸爸又赴日繼續在東京醫學大學攻讀博士，時隔五年之後學成歸國，在新竹正式以「小兒科醫師」執業。

從小教我們尊重生命、一視同仁

習醫的爸爸，對生命有不同的體會，他常說：「只要是人都會生病，所以每個人都是平等的，不能看不起任何人。」他教我們從小就尊重所有生命，不分職業、性別、地位，甚至因為基層人員花費的勞力更多、更辛苦，他還叮囑我們：「要特別支持、尊重他們！」印象中，爸爸對清苦的人與出家眾特別慷慨和禮遇，不僅會多加關注，也經常分文不取、免費義診，他以身教讓我們知道了許多事情。

「一代藥王」孫思邈說過：「古人善為醫者，上醫醫未病之病，中醫醫欲病之病，下醫醫已病之病。」看過這麼多生命因為疏忽而失去健康，爸爸比任何人更了解「預防勝於治療」的道理，將健康徹徹底底放進全家人的日常生活中，讓我們從小就培養了許多健康的觀念和習慣；譬如早上一定要吃早餐、不外食，每餐儘量五、六菜一湯，以便攝取多樣而均衡的營養。他還告誡我們不要吃冰、不吃隔夜菜……到現在，這些習慣已成為我教導孩子們的原則，它們已是我們共同的DNA了。

另外，由於日本的醫學體系包含中西醫，爸爸也熟悉經絡運行與中醫的養生術，譬如關於保暖，他就強調：「腳是第二個心臟，一定要穿襪子，保持溫暖。」而脖子、膝蓋、手軸等關節部位，也要維持溫暖，謹防風寒濕邪入侵，以避免日後早衰或功能提前退化。他更請來太極拳老師，教全家人一起練太極拳，小小年紀的我

們，雖然什麼都不懂，也跟著一呼一吸、一進一退、手勢運轉，腳步輕移，煞有其事。

除此之外，爸爸還希望孩子們都朝醫療方面學習，繼承他的衣缽。記得大哥在考大學之前曾跟爸爸討論要申請那一個科系，當時，他對數學的興趣非常濃厚，極力說服父親讓他如願朝興趣發展。然而，歷經過戰爭洗禮的爸爸告訴他：「你還是當醫師吧！打仗的時候，到處都需要醫護人員；就算是不打仗，每個人從小到大都會生病，所以無論如何也都需要醫師。」「走這條路，永遠不怕沒工作！」這些話說服了大哥，也影響了其他的兄弟姊妹後來陸續走上醫護相關的這條路。我們家有精神科醫師、牙科醫師、外科醫師、藥師、護理師，就連唯一學商的二弟，後來也在爸爸開設的藥廠擔任專業經理人。

小時候，作文老師出題，要我們寫「我的志願」，我理所當然地就寫著：「我要當護士！」這不僅是爸爸對我們的期望，喜歡看他行醫過程的點點滴滴也是我認定的原因之一。所以，下課後回家，我喜歡在爸爸的診所幫忙，如果學校要打預防針，我也會主動爭取當保健室阿姨的小助手，依樣畫葫蘆地按好小朋友的手臂，讓他們乖乖、不亂動，以便好好地完成注射。

搬到新家後，成為爸爸的小跟班

大概在我小學一年級的時候，因為阿公阿嬤的舊厝住不下了，

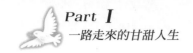

我們全家人搬遷到附近剛蓋好的四層樓新家，一樓就是爸爸的小兒科診所。嶄新而明亮的診所吸引更多人來求診，隨著爸爸的名聲愈來愈響亮，尋求看診的小病人愈來愈多，即使增加了幾位護士阿姨，遇到下班或晚上顛峰時間，人手仍經常不足。於是，昔日的「阿嬤小幫手」化身為「爸爸小跟班」，下課回家後，便書包一放，逕自飛奔去爸爸的診所，看看有沒有什麼需要幫忙，任爸爸跟護士阿姨們使喚。

爸爸檢視小病人的時候，會先看看臉色，量測脈搏，詢問他尿液和便便的呈現狀態，診斷結束，開立藥方之後，還會提醒小病人的爸媽應該如何照顧、如何預防副作用？回去後能吃什麼、不能吃什麼？旅日習醫的他知道，英美醫學講求的「只攻不守」是不夠的，唯有「既攻且守」，一面醫治症狀、一面顧及病人體質的調理，才能更為徹底做好治療這件事。

「病人不能來，我就去他家看。」以病人優先的他，若遇到病人不方便來診所，他便會「往診」（出診），而我，當然是一號小跟班！往診需攜帶外出醫藥包，在看過爸爸整理時，我偷偷記下內容物，後來自告奮勇幫他準備。每次出動前，小腦袋瓜就開始把整個過程想一遍：「要先量血壓、脈搏，所以需要血壓計；聽心跳，要聽診器；敲腳，要小槌……可能吃不下、胃不好，要準備胃藥；如果拉肚子，要準備止瀉藥。」就這樣一個不漏地，收拾地妥妥當當，我就像一個專業的小護士呢！

在那個還沒有超音波的六十年代，「觸診」是相當重要的判

斷指標，爸爸看病時，會用手在腹部到處按壓、敲敲，一面敲，一面告訴我敲擊出的聲音代表什麼？「這個很實的聲音，表示正常。」、「這裡面有水的聲音。」、「這聲音代表裡面可能化膿。」他所擁有的專業和經驗，解決了許許多多看不見的問題，當然，更紓解了小病人爸媽們的擔憂，獲得他們的信賴與敬佩。

有一次，爸爸為一位哭鬧不停的病人東敲敲、西敲敲時，發現腹部肝臟附近的聲音不尋常，仔細評估後，他判斷是肝膿瘍（肝臟某處長膿疱），立刻要孩子的爸媽帶他給附近的外科醫師看，最好即刻動手術。肝膿瘍在當時不容易被發現，因為並沒有先進的醫療儀器能做正確診斷，所以醫師的經驗和判斷非常重要，而這疾病對任何人來說都很嚴重，如果疏忽或太晚處理，很可能危及性命！由於爸爸的機警和正確診斷，讓這位病人即時手術獲得正確治療，挽回健康。

在當時，醫療資源不普及，加上一般民眾也欠缺衛生知識，有些孕婦因為來不及到醫院生寶寶，便在家裡自己用剪刀將臍帶剪斷，但這些剪刀並未消毒過，所以傷口很容易感染、發炎，而引發破傷風。

在我的印象中，曾經有一個全身發紫、氣若游絲的小嬰兒被送到爸爸的診所，他就是這麼在家裡出生，而感染了破傷風。小baby的爸爸媽媽發現不對勁時，先把他送到省立醫院去，但是醫生們的搶救並無好轉，表示baby已經被感染太嚴重，沒有救了，便宣告放棄急救。小嬰兒的爸爸經人介紹，抱著最後一線希望，把孩子帶

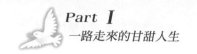

到爸爸的診所。爸爸看著這條小生命，即使病得很嚴重，仍不斷發出微弱的哭聲，小小的拳頭也不住地揮舞，似乎是在為自己爭取什麼，他決心要好好幫他，把他救回來！於是，診所總動員展開全天候的照護行動。

感染破傷風的小baby必須24小時全方位照顧，因為每一分鐘都可能出現變化，每一分鐘都是生死之間的耐力賽，對醫護人員來說，充滿了挑戰。白天，爸爸不僅為baby注射抗生素，還因為他有脫水現象，以針劑取代點滴（小baby無法打點滴）在小小的大腿上注入50cc食鹽水加維生素，為他補充電解質，以避免他抽筋的情形發生。我媽媽則因為孩子不能喝奶，特地煮了米湯加少許鹽，請baby的阿嬤定時一口一口餵他，讓他有體力為自己作戰；護士們則在半夜輪流排班，關注baby的狀況。為掌握小baby的情況，爸爸更是24小時隨時待命，即時因應狀況立即查看，在生死這條拔河線上，所有人絲毫不敢懈怠、全力拼搏！就這樣持續了一個禮拜，終於把baby救活了！

「救人一命，勝造七級浮屠。」這件事到現在仍是我們兄弟姊妹經常津津樂道的童年往事，它讓我們看到了爸爸是一個多麼偉大、令我們崇拜的存在，也認識到一件事：「只要不放棄，生命就會有奇蹟！」成年後，我也曾歷經多次困難與打擊，當自己就要放棄的時候，爸爸他們不眠不休守護這小生命的身影就會浮現在腦海，讓我再次獲得力量，勇敢前進！

重情重義，是值得倚重的人

就像爺爺一樣，爸爸也是個重禮數、有情有義的人，所以交友廣泛，人緣極佳，時常有人到家裡來喝茶聊天。對於好朋友的託付，他經常「兩肋插刀、在所不辭」，對應人情世故也格外真誠細膩。爸爸常對我們說：「真情義，是建立在對方重視的事情上，寧可雪中送炭，也不錦上添花。」

記得有一年，他好友的母親過世，得知消息後，他便表示要前往對方家中致意，家屬雖表示日後公祭再來就好，但父親仍希望在第一時間，以行動表達他的情意與對家屬的關心。那次我陪爸爸一起去，對方含淚感謝父親的那一幕我歷歷在目，之後每一年的過年，他也一定會記得來向爸爸拜年、問候爸爸。

現在想起爸爸、看看自己，總覺得有許多相似之處，望著他的背影，學習他的點點滴滴，若說我今天有任何的成績，都要歸功於最敬愛的爸爸從小對我的影響。

手足之情，永遠不變

❋　❋　❋

　　我在七個兄弟姊妹中排行老三，上有一兄一姊，下有四個弟弟。大姊大我六歲，從小就是個很負責任的姊姊，不但自己有原則、守分寸，「長姊如母」的她也要求其他兄弟姊妹同樣長幼有序、守規矩，而且會分派工作給我們。小時候，她就有著媽媽一般的威信，只要一出口，其他人不敢有二言。記憶中最深刻的是，我剛學寫字的時候，她抓著我的手一筆一畫慢慢學，像個大人般叮嚀：「字要端正，人也要做正。」大姊的正直積極，一直影響著我。後來她從台北醫學院第一屆藥學系畢業，之後隨夫婿移民加拿大多倫多，目前她除了含飴弄孫，平日也喜歡唱唱歌（她是女高音呢！）、打打太極拳，享受愉快的退休生活。

　　大哥性格開朗、很幽默。雖然小學五年級就北上求學，與我們的距離較遠，但那份照顧弟妹的心始終相連。他建國中學畢業後考上國防醫學院醫學系，我也是隨著他的腳步，後來也念了國防；大嫂則因為父親跟我父親相識的關係，常來我們家走動，一樣很會畫畫的她，跟大哥以畫結緣，後來更在兩家人的祝福中步入禮堂。現

在，大哥在振興醫院精神科執業，他們的三個孩子，一個哈佛、一個柏克萊舊金山大學、一個在普林斯頓，個個都很優秀呢！

大弟從小就聰明伶俐，有強盛的企圖心，學業成績始終名列前茅不說，文筆也相當好，後來學的是牙醫，現在則是新竹的知名牙醫師，還有許多人慕名從外縣市前往他的診所看牙呢！

二弟個性安穩，話雖然不多，但設想得很周全；他熟讀孫子兵法，也會將這些智慧運用在生活、工作中。國貿系畢業的他，有各大生技藥廠的實務經驗，現在的他擔任濟生藥廠董事長，持續運籌帷幄，將爸爸開設的藥廠經營得有聲有色！

三弟是家裡公認的「點子王」，當全家人在一起討論要去哪裡玩？做什麼？他總是idea最多，想玩好、吃好問他就對了！縱使愛玩，有小聰明的他也懂得讓功課維持在水準之上，省得大人唸他；不過，要他更認真也不可能，他寧可花更多時間在唱歌、跳舞上，所以吃喝玩樂的朋友很多。然而，初三發生的一件事，改變了一切。一天，爸爸接到一通陌生人的電話，原來三弟遭到當時玩樂而缺錢的朋友綁架，成為肉票，歹徒要求爸爸準備一大筆錢才能贖回他，幾經波折後，飽受驚嚇的三弟終於在警方的協助下回家，而自此之後，他再也不貪玩，決定奮發圖強好好念書，後來也順利考上新竹中學、中國醫藥學院，畢業後曾任台北榮總放射部醫師、陽明醫院外科醫師，台南、豐原也都有他的行醫足跡呢！

小弟是家中做事最穩當的孩子，只要交辦他事情，便很認真、負責，使命必達！弟媳學商，非常能幹，很善於持家，所以小弟幾

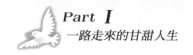

乎什麼都不必操心，家中大小事全讓弟媳處理地妥妥當當。好學的他現在仍在念EMBA，應證了「活到老，學到老」這句話呢！

　　爸媽相繼離世後，我們這些兄弟姊妹見面的機會也變少許多。然而，即使久久才相見一次，那份從小培養的默契，那份對彼此的關心，依舊都在，不曾改變。

第四章

求學時期，
每個美好的相遇

利他、正義是我的特質，在生命每個階段，它們讓我擁
有滿滿的快樂、成就感，以及數不清的友誼。

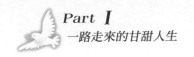

小學階段：熱心服務、人緣佳

❀　❀　❀

　　在新竹，只要說到竹師附小幼稚園，很多人一定會說：「那是很多社會名流的小孩念的幼稚園！」沒錯！因為上完這幼稚園，爸爸媽媽還希望孩子們繼續上竹師附小。不過竹師附小並無法直升，它還是需要經過考試來評比入學，畢竟那時的竹師附小是赫赫有名的明星學校（當然現在也是），是家長們心目中的第一名！

　　當然，爸媽也讓我進了竹師附小幼稚園。但是，在考竹師附小那一天、這麼重要的時刻，我竟然搞了個大烏龍——睡過頭了，以至於進不了考場，錯失良機！只好改讀附近學區的民富小學。然而所有的安排，都是最好的安排，民富國小在當年林朝娥校長、這位真正教育家的帶領下，學校的五育均衡發展，師生之間也有緊密的聯繫與良好的凝聚力，我很幸運能在孕育人格的重要階段，在這裡滋養身心、逐漸長成。

　　從小跟阿嬤做家事的不少好習慣，在小學派上用場了！尤其是我的掃地工夫一級棒，不但地掃得又快、又仔細，常常自己的責任區域完成後，還會跑去幫忙其他同學，如此鑄成了我的好人緣。學

期初要選股長，同學們時常會一致推派我為服務股長。後來，大家知道我是醫生的女兒之後，我便成為衛生股長了。

在那個單純的年代，我喜歡跟所有同學玩在一起，不會搞小圈圈，不去計算人家，當然更不喜歡偷吃步，所以對於那些投機取巧、不擇手段達到目的的同學，我都敬而遠之。年紀雖小的我，很清楚自己跟他們不同，也不希望像他們一樣。

三四年級的時候，班上有六個同學是醫生之女，每天中午只有我吃隔夜的加熱便當，其他人都是當天現煮的便當，中午再由家裏的護士送來學校，我每天看他們吃著熱騰騰又香噴噴的便當，既羨慕又想不透：為什麼我不能這樣？……終於有一天，我忍不住回家跟媽媽提出這個想法跟要求，媽媽卻說：「需要這樣嗎？這樣會浪費到護士的時間，我們跟大部分的同學一樣吃蒸便當，就很好啊！」媽媽的一句話打消了我的念頭，她不希望自己的小孩因為是醫生的女兒而有特別待遇，比較驕縱，或跟別人很不同。

若所謂「醫生的女兒」有共同特徵，或有種「別人一眼就看出」的印象，我一定是少數中的少數，是別人看不出、猜不透的那種。

❤ 為爸爸磨墨，磨出耐心

如果說是媽媽教會我「平等對待」與「平常心度日」，爸爸則是教會我「耐心做好每一件事」的人。

卸下醫師袍的爸爸，私底下極喜愛寫書法，總是當他小跟班的我，自然就變身為磨墨的「小書僮」。有時他興致一來，準備厚

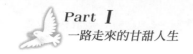

厚的宣紙、拿起毛筆，便揮毫個數小時，我也就在一旁不斷地磨啊磨，有時手痠了，便偷懶隨便磨個兩下，但是墨色會說話，變了淡一些些，都逃不過他的法眼，「沒有用力喔？繼續好好磨！」他說：「什麼事都要有耐心，才會做得好。」他也藉由時而蒼勁有力、時而銀鉤逸麗的一張張好字，示現了這句話，「凡事要耐心做」這句話影響我至深。

爸爸的愛寫書法，也成為我三四年級學書法後的仰望目標。當有些同學像交差般地迅速「鬼畫符」的時候，我則一筆一畫、一撇一捺慢慢琢磨。「因為我是爸爸的女兒！」這也是爸爸的傳承哪！後來，我的書法作品不僅經常被老師在班上公開讚揚，上初中之後，還代表學校參加比賽，獲得新竹縣政府的佳作！這「磨墨」所培養的耐心，也在成長的每一個過程中，使我有更明顯的辨識度，長大成人後，也是為我開啟眾多機會之門的鑰匙呢！

印象深刻的三位老師

小學六年期間，有三位老師對我的影響非常大，到現在都很懷念他們。

中年級的導師連雅雅老師，是我見過最溫柔的老師，她主張愛的教育，並且身體力行、循循善誘；我們從沒聽過她罵人，即使遇到再乖張頑皮、再好動不羈的學生，她也僅僅輕柔地說：「你調皮沒有關係，但不要讓別人或自己受傷喔！」

　　六年級的林翠萍老師則是正向、帶著陽光熱情的老師，她常鼓勵遇到挫折或考試失利的同學要「積極正面」、「勇往直前」、「百折不撓」，老師的隻字片語成為我小小心靈的座右銘，也讓我在遇到困難的時候，仍可看見前方的微光，依舊堅定地前行。

　　還有一位男老師令我印象深刻，他是我們高年級的體育老師，長得瘦瘦高高、文質彬彬，還有一雙大大的眼睛，看人的時候彷彿會微笑；只要他一出現，我們幾個女生的眼睛就隨著他轉啊轉的。記得那時候他教我們打乒乓球，為了吸引老師注意，我也喜歡上乒乓球，特別勤加練習，希望表現得出色，好叫他多看兩眼。現在想起小時候那種似懂非懂的愛慕情愫，真是又單純又可愛！

初中時代：情竇初開且正義的女孩

❋　❋　❋

　　後來我考上竹二女中，這正是情竇初開的年紀，我也因為仰慕數學老師而特別用心，數學成績特別好！記得那位羅老師，斯斯文文，玉樹臨風，也跟小學的體育老師一樣有雙大眼睛。

　　羅老師才剛從學校畢業，極有教學熱忱，下課後還特別留在班上，幫有疑問的同學解題；想當然爾，我就是少數留下來跟老師討論問題的人，即使沒什麼問題，我也會隨口附和同學一下，反正就是要找機會跟老師說一兩句話。就是因為如此，老師跟我們愈來愈熟，甚至上課的時候還會主動靠過來問：「蘇逸玲，妳有沒有不懂的地方？」天哪！這是我最興奮的時刻！

　　那時，正是「梁山伯與祝英台」風靡全台灣的年代，我在家跟著媽媽一起看，開心的時候就高唱「遠山含笑」，覺得心裡難過的時候就低吟「樓台相會」，一面感受「愛在心裡口難開」，「只要遠遠地看見，就很美好」那種淡淡的淒美哀愁，一面在現實生活裡默默地注視羅老師，想像著彼此的距離……這也算是一種「少年維特的煩惱」吧！

　　或許「斯文」、「大眼」的男生就是我的理想型，從小學體育老師、羅老師到之後我所欣賞的異性，幾乎都是這種類型，最後連我的先生也不例外呢！

　　小學的熱心公益，到初中後變得更顯化，同學們覺得我很有正義感，會為大家仗義直言。雖然我個頭不高，但常會在重要的時刻，勇敢站出來主持公道。

　　初三時，我被選為班長，我們忠班跟隔壁孝班時而有糾紛，不是為了走廊上那個垃圾「是你們班，不是我們班」的事，就是有同學來訴苦：「我被隔壁班同學欺負了！」掃地事小，我常常自己動手掃掃就搞定，但是被欺負就不能姑息，必須好好處理。同學都知道我講究公平，不會先預設立場是誰的問題，所以，我會聽兩方人的說法，再居中協調與勸說；有趣的是，時常在雙方對質、你來我往的過程當中，自然會有人說著說著就心虛了，摸摸鼻子、自認理虧，讓原本衝突的事件圓滿落幕。我這個「正義的第三方」是衝突終結者，非常重要呢！

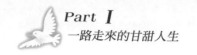

高中階段：理性、感性，神性與自性的展開

❋　❋　❋

　　初中畢業那年，我看大哥在台北就學（他小學五年級就到台北西門國小念書），每次回家都說許多我沒見過的風景，心生嚮往，也想離開熟悉的新竹、離開爸爸的「保護傘」去台北看看，所以前往台北應考。可惜，結果沒有很理想，只考到第四志願，爸爸說：「不如，還是留在新竹吧！」那個學獨立、初生之犢不畏虎的我，只好打消了念頭。而回新竹後，因為公立聯招已結束（與台北同一天），只剩下私立中學可以報考，後來，我以第二名考進私立曙光女中。未料到高中三年所給我的，不僅是各種知識的培養、良好的成績、穩定的個性，也讓我開始對宗教感興趣，開啟了我在心靈層面的需求與追尋。

💗 進入天主教學校，奠定英文基礎

　　曙光女中是天主教學校，我們的校長姚姆姆（修女）在虔誠的信仰下散發著溫暖的光芒，見了就歡喜。對於意見很多、不守規矩

的同學也僅止於好言相勸，我從沒看過姆姆生氣。溫暖、溫柔是姆姆們一貫的態度，不過，姆姆們也有活潑、躍動的一面，教授課業之餘，姆姆們還會教我們跳舞、唱歌，「修女也瘋狂」的真實版經常在學校上演呢！

那時，有一位美國修女，黎姆姆教我們英文，她的肺不太好，力氣也不大，講起話來總是慢條斯理、斯斯文文的，她的辦公室就在我們的教室隔壁。不知道從何時開始，我只要看到黎姆姆經過教室前、準備走進她辦公室時，我便主動起身幫她開門、請她進去，並為她把那一扇扇重重的窗戶往上抬，讓空氣流通，使得室內的空氣比較好。不會說中文的修女，總是笑笑地說：「You are so nice.」。後來，只要她一到教室門口、看我一眼，我便自動起來，這變成了一種默契，也是因為如此，有時黎姆姆下課後會特別來找我，推薦我適合的英文讀物，我每天也至少花兩小時來念英文，所以英文底子一點一滴地愈來愈紮實。

我們愈來愈熟之後，有一天黎姆姆問我：「Jenny, you are very kind. Would you want to bc a Sistcr?（妳很善良，要不要也來當修女？）」能被姆姆肯定，我當然很開心。但是，當修女是我從沒想過的事，一方面家裡有佛堂，且父親在福嚴精舍印順導師座下皈依，一直是虔誠的佛教徒，另一方面，我不知道當修女後需要做什麼？是不是一輩子就在聖堂服務？我的家人能接受嗎？……心中有著許多疑問。

剛好，那時看了《聖女貞德傳》，裡面描述著貞德守護信念、

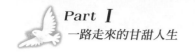
完成使命的過程，她的情操令我動容與深思。「只要夠虔誠，就會顯聖跡！」我也想成為像貞德這樣為信仰付出一切、照耀世人的存在啊！

💗 最要好的同學，邀我受洗

林妙貞，我高中三年最要好的同學，她也是一位虔誠的天主教徒，個性開朗、大而化之，不會因為小事而計較，我想我們是「物以類聚」所以才這麼投契吧！每天，我們都一起念書、一起下課。回家前，兩個人都會先到學校旁的聖堂坐著，雙手合掌，在夕陽斜照的光影中靜默祈禱，祈求著課業順利、家人平安，然後再一起騎著腳踏車回家。

我們很享受彼此相伴時的平安、喜悅，所以當其他同學下了課便去聯誼、跳舞的時候，我們因為有彼此便覺心滿意足，所以當她提議：「妳也來受洗，好不好？」我想都沒想就答應了，也立刻約好要讓她陪著，去趙神父那裡受洗。雖然事後有點後悔自己的衝動，但仍決定瞞著家人，跟妙貞偷偷去受洗。

那是一個風和日麗的假日上午，我跟媽媽編了一個「跟同學去念書，準備考試」的理由，便騎上腳踏車前往聖堂的路。

不料，騎上關東橋的時候，腳踏車怎麼爬都爬不上去，關東橋雖然有些陡，但不至於無法爬上坡，我騎過幾百回，這是從來沒有發生過的事。「到底是怎麼回事？」我正在猶豫該如何做的時

候，突然想起《聖經》裡的十戒，第一戒就是「孝順父母」，我這麼「不告而做」是不是犯了第一戒呢？想到這裡，覺得這是老天爺要我放棄這件事的徵兆，於是，腳踏車便往回走，而這段人生中的「受洗」小插曲便落幕了。

之後，我跟爸爸討論到這件事。爸爸知道我思考自己的生命、宗教，以及我與宗教的關係，便正式介紹「何謂佛」？「當一個人覺悟，便稱之為佛。」「人人覺悟，人人可成佛。」相較之下，人人皆可開悟、成佛更接近我的想法，與「信靠主才能開悟」是很不一樣的，我覺得這更公平，更激勵世人。

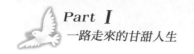

大學階段：初嚐獨立，展露俠女風範

❋　❋　❋

　　從小身材中等、個子不算高、總是坐在前幾排的我，到了初三開始變胖。那時候，我覺得很冤枉，明明沒有吃得特別多，運動量也不小，為何身形一直往橫向發展？後來，爸爸幫我檢查，才知道我的甲狀腺 T4 比較低，加上進入青春期，且初經遲遲未來，所以才會愈來愈胖；還好上了高中後，生理期報到，體重才稍微恢復。

　　然而，這體重上上下下的日子，已讓我認清自己擁有的是爸爸的「強勢」易胖基因（爸爸的體型偏肥胖、壯碩），往後必須注意飲食、作息，否則就容易像吹了氣的皮球一般，圓圓滾滾。

❤ 在同學眼中「胖胖、可愛、樂於助人」

　　果不其然，後來考上國防醫學院，學校的好伙食讓我的體重防線漸漸失守……再加上，初次離家、離開媽媽熟悉的料理，第一次接觸到外省食物的重口味，我胃口大開，常覺得「好下飯、好好吃！」所以無論餐廳的同學幫我夾多少菜，我都統統吃光光！記

得，那時每一餐都有手工老麵饅頭，它香Q彈牙的滋味，教從未吃過的我驚為天人，一下子就愛上了！於是「饅頭夾肉」成了我的最愛，只要吃完它，我一整天都覺得好滿足！

我的好胃口並不受任何事物的影響。那時學校派我們去政戰學校接受三個月的花木蘭訓練，每天都固定跑步、操練，大量地汗水淋漓，強烈地挑戰體力極限，但是這些都沒有讓我的身型有任何一丁點變瘦，反而胃口更好！

所以大學期間的我，體重居高不下，最高紀錄達65kg（比現在重10kg以上），在師長、同學們的眼中，我一直是個「胖胖、可愛」的同學。不過，這樣反倒更增添我的親和力，加上喜歡主動幫助別人，個性又直接、爽快，我的人緣變得更好了！這讓原本在乎體重，有點小自卑的我，有一種「因禍得福」的感受，「胖一點，也沒什麼不好！」

那個年代，國防醫學院護理系只招收女生（醫科、藥科都是男生），而且必須住校，也正因為如此，同班六十位同學朝夕相處，每天上課前，都由身為區隊長的我，負責整隊，並喊口令「齊步走！」「12、12、12……」帶同學們往教室的方向前進，我們每天一起上課、一起作息，感情好、團隊力強，到現在都還保持聯絡呢！

上大學後，我樂於助人的個性更明顯，只要大家需要，就算要我做一點小小的犧牲，也無所謂。印象最深刻的是某次基本護理課，老師需要一位Model協助她教大家如何「灌腸」。一開始她徵

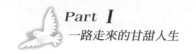
求自願者，只見全班同學你看我、我看你，大家張大眼睛，卻沒有一個人願意出來。「總不能一直看來看去，沒有結果吧？」心裡才這麼想，我的手就自然舉了起來，老師高興地大聲喊：「胖胖的蘇逸玲最可愛了！」而我的自願也令全班同學鬆了一口氣，大家以後看到我，就更開心，我也擁有許多珍貴的好朋友！

沈浸於藝文世界，修身也練心

我一向很喜歡與中華文化相關的藝文活動，當進了大學有更多時間能參加喜歡的社團之後，我便先選了自小學習的書法社，以及國樂社。

從小看爸爸寫書法，就開始學習做人的道理，不僅學會「做事需要耐心」，還常聽爸爸說：「寫字要擺架子，但做人不能擺架子。」這樣的譬喻，還有「字要寫在中間，不能寫滿，要留下天格、地格，就像做人做事且留些餘地。」、「寫字時要坐端正，代表做人也正正當當、頂天立地。」我喜歡在書法的天地中，體會它和實際生活的連結，即使再心浮氣躁，只要一浸潤在書法世界，心就會慢慢地沉澱下來，那安安靜靜的喜悅，是筆墨難以形容的！大二，我正式拜師，向黃伯平大師學習各種字體，繼續精進書法功力，並鍛鍊自己的心。

當你會寫一手好書法，硬筆字一定也寫得漂亮，而字好看，也經常能讓人留下好印象，深得人欣賞，覺得你內涵不凡。那時，我

常常看到有些教授貴為文化人，字卻寫得歪七扭八，深感可惜，畢竟「文字」是文化的一部分，如何能一面傳授中華文化的精髓，一面忽略文字之美，這實在難以想像！

揚琴，是我一直都很想學的樂器，我喜歡它那流水般的聲音，似乎款款述情，教人不禁心神蕩漾。每次敲揚琴時，我都能在音聲中獲得莫大滿足和歡喜。

擒拿小偷，一夜成英雄！

在那全員共宿、人與人關係密切卻又單純的年代，也出現過幾次不尋常的事，而這次的事件與我有關，讓我一夜成「英雄」。

我們那棟宿舍，麥範德大樓，除了有國防醫學院的學生（與實習生）外，還有三軍總醫院的護理人員，分別住在這棟大樓的不同樓層，雖然誰也不認識誰，幾年下來也彼此尊重、相安無事。

但，有一陣子，五六個同學陸續發現存摺裡的錢被盜領，請注意！是「被盜領」！當時還沒有信用卡，領錢必須使用圖章和存摺，「被盜領」表示有人拿了圖章、存摺去領錢，之後又把這兩個重要物品放回原處，讓人不疑有他，這該是多麼不慌不忙、從容不迫的情形呢！即使同學們向舍監稟報，舍監也縝密地進行搜查，卻無法阻擋後續發生。後來，又有一位同學的相機不見了，偷竊事件愈演愈烈，而不約而同地，許多人的箭頭都指向一位外向、活潑的同學，認為只有她有這個膽量和小聰明做這件事，雖然沒有半點證

據。使這位無辜的同學百口莫辯，默默承受所有人的誤解和壓力。

之後有一天，我實習大夜班回宿舍，正要進寢室時，發現同一樓層最前面那間、我最好同學的寢室，怎麼門是半掩半開的，她不是應該在開刀房實習嗎？我一邊納悶，一邊走進去瞧瞧。一打開，就看到裡面一位從未謀面的女生正在翻東翻西，我問到：「你是誰？怎麼會在這裡？」她有點心慌地說：「我來找東西！但是沒有找到。」隨後轉身就走。我那時不知哪來的直覺，跟著她出門，並一直隨著她走到三樓，並看見她走進一間寢室，門上有她的名字。「哦！原來是在三軍總醫院的護理人員。」問了問姓名，便向舍監和老師稟報了這件事。

後來，得知此人原本就有在病房偷紗布的前科，然而問及這一連串的偷竊事件時，她仍從頭到尾矢口否認，即使情商國防部找來筆跡鑑定科，確認提款單上的筆跡正是她的筆跡，她也矢口否認，說一切都跟自己無關；直到最後，學校不得不找來測謊器來讓她檢測，才真相大白！而那位一直蒙受不白之冤的同學，也終於還得清白！而我，就這麼一夜之間，變成了女生宿舍的英雄！現在想起來，那時的膽子還真大，完全不知道對方的來歷，只知道這麼做才對，一點兒害怕也沒有！

與周美玉將軍以書法結緣

大學三年級升四年級時，我榮獲我們班上臨床實習獎第一名，

即將於校慶時頒獎。校慶前夕，護理系主任周美玉將軍請所有得獎人先到護理學系的圖書館小聚，先恭喜得獎人員，並向我們說明了授獎流程以及需要注意的事。

　　那天我因為晚到，僅剩一個座位，只好坐在護理系主任周美玉將軍旁邊，第一次跟學校裡的大人物靠得這麼近，我緊張的不得了，頭不敢亂動，呼吸也怕太大聲，正襟危坐地。突然，周將軍友善地打破僵局，問道：「妳叫什麼名字？」「平常喜歡做什麼？」我一一回答，說我喜歡寫書法；她繼續問道：「老師是誰？」聽完我師承黃伯平大師之後，她點點頭接著說：「把妳的作品拿來，讓我看看妳寫的字。」大人物說話，我們當然立刻照做，結束說明會之後，我趕緊跑回宿舍，選一篇自認為寫得最好的字，再回到主任室，拿給周將軍看；懂書法的周將軍看著看著，不多說什麼，隨手拿起一支紅色的原字筆，便開始在上面畫圈圈，然後又說：「半年之後，妳再把字拿給我看！」豈知，半年內我就畢業了，既然畢業，究竟要不要守諾赴約呢？

　　答案是：「當然要！」我心裡打定了主意。

　　幾個月畢業後，我被分派到台東的四級醫院（陸軍8-17醫院）工作，主要照顧肝炎療養病患。由於病人的病情穩定，所以我又開始練習寫字，每天都會在餐廳的圓桌上練字，練著練著，半年之約的日子來臨，我趁回台北的時間，跟周將軍聯絡好，拿了最新練習的書法請她指點。這守諾赴約的舉動，讓周將軍印象極為深刻！看完書法後，她稱許這些日子我進步不少呢！開心之餘，氣氛更輕

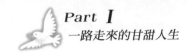
鬆，話夾子也打開了。周將軍發現我開朗、好相處的個性，意猶未盡地說：「妳以後回台北，可不可以到我家來，陪我媽媽聊聊天呢？」我受寵若驚，表示當然可以！之後，我每次回台北，都會抽空去看看周媽媽，周媽媽也很喜歡跟我聊天，喜歡我的陪伴。可能是我總是靜靜地聽老人家說他們的風光歲月，不僅是他們的最佳傾訴對象，也適時讚賞她們，令她們感到又回到曾有的榮光吧！

第五章

情字這條路，
愈走愈雋永

人是情感的動物，但家裡、學校都沒有教我們如何愛
人？如何選擇對的人？如何互相成就？受歌仔戲、黃梅
調啟蒙後，我一路摸索……

全民瘋梁祝的年代

❈　❈　❈

　　在我們那個年代，感情的表達都是極為低調、含蓄的，喜歡一個人經常是「愛在心裡口難開」。當時的黃梅調「梁山伯與祝英台」就最能反映這種心境，難怪一上映就風靡全台！

　　那年我初中二年級，正值對異性好奇、懵懵懂懂的年紀。在那只有收音機還沒有電視機的年代，我們一樣也會追「星」、追「劇」，每週日下午是我最期待的時刻，因為廣播電台會播放兩小時的「梁山伯與祝英台」。

　　我們家是透天厝，一樓是爸爸的診所跟客廳，二、三樓是臥房、書房，也是平常兄弟姊妹們的作息空間，只有頂樓因為放神龕、供奉祖先、神祇，是家裡最安靜、最少人走動之處，這兒也因此成了「我與我的梁山伯」秘密私會之處。每到週末放假日，我便早早將學校的功課完成、隔週的考試準備好、該做的家事完成，等下午時間一到，便帶著收音機跑上頂樓，自己一個人好好享受「我與我的梁山伯」的珍貴時光，誰也不能阻攔我們獨處的兩個小時！悠揚的曲調中，充滿幽情、相思意境的歌詞總會撩動我的思緒，心

情隨之蕩漾，我常是聽完了再聽、一遍又一遍，直到全部都會唱為止；只要梁山伯唱一句，我就接著唱下一句，無論高亢、低吟、竊喜、憂傷……全都唱成了自己的心事。

有了電影這個大螢幕之後，我更趁著戲院不清場的方便，以一張票重複看「他」兩場，就這樣大半個下午沈浸在這淒美動人的愛情故事裡，不想走出去。「我為你淚盈盈，終宵痛苦到天明……」螢幕上唱得淒楚動人，螢幕下的我們也跟著淚水盈盈，輕聲嘆息。

爸爸見我經常在唱，也唱得很有感情，開始在家族聚會時指名要我表演。我記得有一年的中秋夜，就跟三弟兩人，一個祝英台，一個梁山伯，將「樓台會」的山盟海誓和離情依依，搭配著手勢、眼神，唱得絲絲入扣，在銀白色月光的襯托下，格外幽婉、動人，當然贏得家人們的熱烈掌聲！小小年紀的我，也有著豐沛的情感和想像力呢！透過黃梅調，也紓解初中對暗戀對象老師的如詩情懷。

我的感性，在宗教與藝術間萌芽

❋　❋　❋

　　到了高中，我念的是天主教女校，心中豐富的情感慢慢昇華為對天主的崇敬之愛，關鍵人物是校長姚景如，姚姆姆。

　　姚姆姆是個無時無刻不掛上微笑、謙和待人的人，她對我們一視同仁地付出呵護與關懷，每一個學生都像是她的孩子：做對事情，她不吝惜讚美，做錯了事，也從不厲聲斥責，總是給予改過的機會，在她的身上可看到包容、慈祥與滿滿的愛。「我也想像姆姆一樣。」那聖潔、溫柔的眼神、那見了便暖心的微笑、那時時帶給人的如沐春風，令我著迷，我一度還想跟她一樣成為修女、服侍天主呢！

　　姚姆姆辦學有她的風格和堅持，與一般升學主義掛帥的學校不同。她常說：「念書很重要，但做人和懂得生活也一樣重要。」因此，她五育並進，找來最優秀的老師，從德智體群美為學生拓展不同的視野。

音樂與藝術，為我打開感性之門

譬如那時的音樂課，她請來一位知名的音樂家，蘇老師，來帶領我們。之前從未聽過的藝術歌曲、世界民謠、古典音樂，以單純而優美動人的旋律，深深打動我，為我打開感性之門！蘇老師除了教我們合唱外，也帶我們認識各種樂器的特色，教我們如何欣賞不同類型的音樂，就這樣讓我高中三年沈浸在充滿音符的世界裡，留下美好的回憶。

音樂，讓我感受性更強，將感官之美的欣賞延伸到內心深處的觸動，慢慢地，光只有音符已不能滿足我了，我還想探究音樂背後的故事，了解作曲者的背景、年代、他為何且在何種心情下譜出一首曲子？待一一了解之後，再回頭聽音樂，似乎更能體會作曲者的情感，而能與創作者合而為一。欣賞風景也一樣，我總是給自己更多的時間，想對大自然多一點了解與體會，比方去海邊，我可能多帶一本曉雲法師的詩詞創作《泉聲》，一面看她對大海潮起潮落的描述，一面細細體會眼前海潮的變化萬千，這樣的感動多了更多。

高三的合唱曲、李叔同（弘一大師）作詞、編曲的《送別》，至今仍是我最喜歡的歌。而多年後，因緣際會結識「弘一大師紀念學會」理事長慧觀法師，從她致贈的一本《弘一大師傳》中，我更了解大師傳奇的一生。大師年紀輕輕即展現了文學、繪畫、音樂、戲劇等天份，在藝文與教育界大放光彩。在他最意氣風發時，他接觸了佛法，慢慢明白世間的一切都是虛幻，如同夢幻泡影。在一次

斷食嘗試後，便毅然決定離斷紅塵，剃度出家，他願為苦行僧，餘生潛心向佛，抄經弘法。

當時，妻子得知他出家後，急急來找他，再難過、再不解也無法挽回這個事實。他與妻子在西湖離別時，說出：「人生短暫數十載，大限總是要來，如今不過是將它提前罷了。」這是多麼不容易！儘管有人對他的出家有不同想法，我仍覺得這份放下紅塵一切的求道勇氣令人感佩。而大師的所有智慧也化為一句句處事名言，深深地影響著我，譬如：「以虛養心，以德養身，以仁養天下萬物，以道養天下萬世。」與我的生命態度至為契合。感動之餘，我將大師的智慧一筆一畫地以毛筆書寫，用來提醒自己，也在書法班聯展時讓更多人看見。如果透過我的書法能讓看到的人有所感所用，會是最有意義的一件事！

曲曲折折的感情之路

❋　❋　❋

雖然對愛情充滿嚮往，但其實，我因為身材比別人大一兩號而無自信，始終難以想像會被異性喜歡，尤其在心儀的學長面前更是卻步。

❤ 生命中不可承受之「重」

原本，在全然都是女生的初高中階段，好人緣讓我深受歡迎，而且老師、同學們常說「蘇逸玲胖胖的很可愛！」也叫我自我感覺良好，對身材不以為意；然而，進入男女合校的國防醫學院，心態180度大轉變，我開始有了比較，開始在乎別人的目光，「別人究竟會怎麼看我？」

尤其看著身邊的同學與醫學系男生出雙入對，我對著自己60公斤的體重自憐自艾，內心不時上演著小劇場……「這麼胖，怎麼可能輪到我？」再加上，來國防醫學院之前，爸爸耳提面命說：「不准嫁外省人！」所以只要陸海空軍官校來約聯誼，我都不敢參加

（當時的軍人多為外省籍），認識異性的機會更是少之又少，對自己的姻緣我更是不抱希望。（但事實證明，我那群因為軍校聯誼而結婚的同學們，個個都過著幸福美滿的婚姻生活呢！）

♥ 苦澀初戀，深深刺痛我

終於，丘比特的箭射向了我，在大二那年，我初嚐戀愛的滋味。

他是大哥醫學系的學弟，與我同年，也跟大哥一樣是美術社前後期的社長。在我大二那年從國樂社轉到美術社的時候，就因為大哥而與他有更多共同話題。初次見面，便覺得這個人話不多但文質彬彬，看來很有藝術氣息，後來聊得更多、了解更深，知道他的水彩畫得很好，字寫得漂亮，而且文采不錯，因此愈來愈欣賞他。

而他，也會在社團活動結束後，特別過來找我聊天，有時聊畫作、有時聊時事、有時就靜靜看著彼此的作品，那時我感覺到：「他對我的態度，似乎跟對其他的女孩不一樣。」開始揣想可能性，開始期待見到他，甚至揣想就算他是外省人，但因為是大哥摯友，爸爸應該不會太反對吧！然而，想再多都僅止於自己單方面的想像，他遲遲未向我表白，我也不斷為他找各式各樣的理由，「可能是他太害羞。」、「或是還沒找到時機！」就這樣曖昧到畢業，到我去台東醫院上班，我們這段若有似無的情愫，延續了三年。

終於，那一天來臨了！我永遠記得那天，是我休假從台東回

台北的尋常週日。一碰面，我看到他騎腳踏車來，說要載我去學校附近走走，還開玩笑說：「你的腳踏車夠不夠氣啊？」沒想到這句話所蘊含的正是關鍵之處。一路上，他比平常沈默許多，我嗅出一股不尋常的氣息，似乎他要告訴我一件重要的事。後來，車停了，他牽著車，我們沿著羅斯福路（當時國防醫學院在羅斯福路四段），一直走一直走，那凝重的氣氛愈來愈沈，我終於忍不住問：「你到底想說什麼？」只見他先深深吸一口氣，看著我的雙眼，下定決心似地說：「妳真的很好，是個很好的女孩，我們有許多話可以聊，而且聊得很開心，謝謝妳。只不過……」他遲疑了半响，慢慢吐出：「外型有點……這樣大家一起出去，有點不太好。」答案揭曉，原來不是告白，而是要將我們這三年的曖昧劃上句點。我記得我強顏歡笑的模樣，記得他騎腳踏車的背影，但已忘了怎麼回應他、怎麼回到家，而為他搭建的幸福城堡自此全部崩塌。

　　忙碌的工作讓我暫時忘了悲傷，唯有夜深人靜的時候，仍難免忍不住落淚，不小心會回憶起與他共處的點點滴滴，而最難以釋懷的，是被拒絕的難堪，以及我的自卑情結，我感嘆自己為何瘦不下來？難道這樣就找不到真愛？難道男人都是「外貌協會」？這段尚未萌芽就夭折的初戀，給了我重重的一擊，也讓我下定決心要好好減重。

　　幾個月後，我們七個一起到台東醫院的同學，也一起調回了台北三軍健康檢查醫院，面對這全新的開始，我提議「一起來減重」，果真大家都有興趣，所以開始分頭找有效的方式來控制體

重。

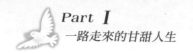

因減重接觸瑜伽，投入身心靈領域

我們嘗試過「吃肉減重法」（以蛋白質為主的減重方式），雖然有一定的效果，但是只吃肉，整個體質會變得燥熱、火氣也比較大，試行半年之後，大家紛紛放棄；那時，我們還吃安非他命減重，安非他命在當時還不是禁藥，藥房就可以買到，它能降低食慾，讓你根本不想吃東西，然而隨之而來的是心悸，與大起大落的情緒，讓我非常不舒服，後來也放棄了。此外，少吃、多動、斷食，以及當時所有流行的減重方法，我都一一試過，卻總是好不容易瘦下兩三公斤，一不小心又回到原點。

「減重難上加難，復胖如此容易」實在叫人氣餒，原本信誓旦旦「與肥胖誓不兩立」的一群人也自然默默地解散，最後，我仍是一個人面對這個問題。後來透過檢查，才知道原來是自己的荷爾蒙分泌異常，甲狀腺功能低下，使我生理期也半年才來一次，且每次都兩週之久，體重也因此居高不下，始終瘦不下來。

到了三軍總醫院後，一位同事介紹「阿南達瑜伽」，我開始從學習打坐、練習瑜伽體位法，從身心的根源開始做調理，雖然練習了一陣子，才看到體重機的數字往下降，卻比較持久。而且做著做著，不但體重穩定下降，也改善了我連吃藥也未能調整好的甲狀腺功能低下問題，而且生理期也慢慢變正常了。隨著體重穩定地控

制，健康狀況變好，我也跟瑜伽老師愈走愈近，隨著她去苗栗的法雲寺打坐，跟著她一起吃素，希望同時也能讓自己的心情更平緩、不躁動，處理工作的效果更好。

下決心吃素本來就不容易，現實生活中找素食料理，在當時更是難上加難，除非自己每天準備，但住在宿舍的我無法煮食，於是我四下打聽哪裡有素食可吃。

有位學弟（三總實習醫師）同事告訴我，「妳可以去三總旁邊（汀州路）的聖靈寺，今能法師非常歡迎醫護人員來搭伙。」對啊！我怎麼沒想到，寺廟一定吃素，這真是個好主意！於是我便前往聖靈寺詢求師父同意，果然法師一口就答應，並告訴我，已經有五位三軍總醫院的實習醫師在那裡搭伙！所以從第二天開始，我便加入了這共餐的行列，雖然師父說不收錢，我仍每月供養三千元表達感謝之意。這一共餐，就持續了三年，直到後來我跟瑜伽老師在耕莘文教院對面，共同開了間瑜伽自助餐廳「瑜伽素食樂園」才結束這難以忘懷的搭伙時光。

第二次心動，第二次錯過

這五位實習醫師因為都是國防醫學院畢業，所以我們以學姊、學弟相稱。而其中一位鄭姓學弟跟我特別投緣，雖然看似內向、拘謹，由於很多理念、看法一致，所以聊起天特別愉快。

有一天，學弟送了我一本《佛陀的啟示》，我花了一個月看

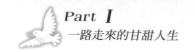
完，看完之後，原本都會上的教堂就不去了。為什麼呢？因為裡面有提到《金剛經》中「一切有為法，如夢幻泡影，如露亦如電，應作如是觀。」「境隨心轉，心不隨境轉。」我如當頭棒喝！之前，我深信天主是唯一能在困境、逆境幫助我的神，全心地倚賴、求助於祂，我只有靠著相信祂才能得到幸福。而佛陀告訴我們，生命的一切都是短暫的幻象，只要看懂這個「空性」，就不會有太多執著與苦痛；同時，人們怎麼想，就會造就怎麼樣的世界，換句話說，人們可不隨著外在環境而影響、改變，自己的幸福能自己掌握！更讓我信服的是，只要透過一步一步的修行，每個人都有機會成佛，這跟「真主只有一個」的說法完完全全不同，我覺得佛教肯定了人的價值，也讓世人有了提升自己的動力和方向！

學弟得知我有這樣的發現和改變，也為我高興，便介紹我讀佛經與咒語。記得他教我唸「大悲咒」時，是自己一字一字口述，錄製成錄音帶送給我的；錄音帶裡的聲音咬字清晰且緩慢，我對照著經文，跟著一個字一個字慢慢唸，每唸一個字都感受到他的關心和祝福。

而我，也與他分享我的書法和繪畫世界，他對我寫的行書情有獨鍾，希望我送他一幅字。某天，突然心領神會，我提起筆便寫下劉禹錫的《陋室銘》，這幅字寫得特別流暢、特別好看，而且寓意深遠，雖然自己很喜歡、有點難以割捨，但後來仍然裱好框送給了他，那是我第一次，也是唯一一次送他的禮物。

與學弟共修成長的日子，是段很美好、珍貴的回憶，他不僅領

我進入佛門殿堂，也帶我去皈依，我便在三峽西蓮淨苑完成皈依。那天，是個酷熱的夏日，我一見到他，便忍不住笑了出來，原來他扛著一顆大西瓜，說要帶去寺裡供養師父。就在三峽那一條通往西蓮淨苑的街上，豔陽底下，有我紅通通的雙頰，有他那汗流浹背、不喊累的模樣，至今依舊深刻難忘。後來我學會了準提咒，當輕輕唸出咒語後沒多久，他便會出現，心中總是暗自竊喜：準提咒真是靈驗奇妙！

慢慢地，我的家人也都知道有這號人物存在。有一回，我約五位學弟一起回新竹前往壹同寺參佛，爸爸和弟弟也一起參佛，趁機見見他。弟弟事後告訴我，爸爸覺得他看起來正直、可靠，是個可託付的良人。

在他家人眼中，我似乎也佔了不少份量。學弟結束一年的醫院實習之後，便被派去湖口裝甲部隊服務，某次他生病回台北，他的妹妹居然來找我，邀我去他家看看他，並說：「媽媽想見妳。」這一點已叫我相當驚喜了，沒想到一進到他家三合院的正廳，看到我送他的那幅《陋室銘》，大大地懸掛在正廳明顯之處，這更叫我受寵若驚、非常開心。

與學弟惺惺相惜、無話不談，而且雙方父母似乎都樂見其成。但是，初戀的回憶始終是我無法往前邁進的傷疤，既然他沒有開口，我也沒有理由、沒有自信主動提及，再加上學弟小我三歲，在那「男大女小」的年代，觀念傳統的我沒有足夠勇氣一輩子挑戰世人的眼光（其實是不敢跨出自己的界線）而學弟也可能因為家裡務

農，以為我們家有門當戶對的考量，遲遲未開口，總之我們兩個誰也沒說出口。

就這樣，這段若有似無、卻又深刻清晰的感情，隨著他派調花蓮的805醫院，慢慢減少了聯絡，漸漸地淡去。

23次相親，更懂得看真心誠意

爸爸在新竹頗有名望，當知道她的二女兒還未婚，許多人便主動上門介紹好女婿人選。一開始，我因為自己的身材，沒自信，想婉拒別人的好意，不過爸爸說：「人家介紹的，不只是一個人而已，這也是一份情，我們不能辜負別人的好意。」所以，「相親」是一定要的，「成不成功」則是另一回事。就這樣，我展開了密集的相親歷程。

其實，每一次相親都像面試一般，共同之處就在於「第一眼」，看得順眼、印象還不錯，才有意願繼續了解。於是，無論台大、清大、交大、高醫等高學歷，或是廠長、CEO等高社經地位人士，無論高、矮、胖、瘦、各形各色的人，就如此在短短一兩個小時之內，聊一些經歷、喜好、成長背景等制式話題。我也透過一次又一次的相親，變得愈來愈會看人，知道自己適合什麼、不適合什麼？更懂得看出此人的真心誠意。

在這些相親對象中，有幾位令我印象很深刻。

有一位，是表姊朋友介紹的34歲清大教授，表姊說他學養好、

溫文儒雅，而且家中人口單純，我們約好某個假日在一間冰果室碰面。

那天，我和表姊先到，點好飲料之後沒多久，就看到兩個人走進冰果室，對著我們微笑，一位頭髮斑白、戴著厚厚的眼鏡，看來有點年紀；另一位穿紅上衣，感覺個性開朗、大方。我連忙起身，說：「歐里桑，你好！」先向著「介紹人」打招呼，不敢正眼直視他身邊穿紅衣服的人。沒想到，「歐里桑」有點尷尬地笑說：「我……我是這次的男主角！」天哪！原來我搞錯了！我立刻滿臉通紅，覺得很不好意思，還好「歐里桑」懂得自我解嘲，說很多人都誤會他比實際年齡大，他只是「老在那邊等」，到一定的年齡後，他就會比同齡朋友更年輕了！教授的幽默風趣、博學多聞讓整個相親過程沒有冷場，大家都聊得滿開心的。結束後，教授還寫了一封文情並茂的信，希望與我進一步互相認識。但是，我一直顧忌著他那頭少年白，那雙千度近視眼，以及略顯老態的樣貌，「歐里桑好像不太健康啊！」最後決定謝謝他，回絕他，並祝他幸福。

還有一次，一位貴氣十足的阿姨，介紹台中某間工廠的廠長讓我認識。阿姨慎重其事地安排了滿滿一桌酒席，邀請我們一家人跟他好好地見個面。那天，親戚朋友都到了，我跟他面對面，坐在圓桌直徑的兩端，可以清楚看到彼此，「嗯，西裝很合身、很氣派，果然像老闆。不過，髮量有點少，頭有點禿，而且坐得不太正，有點輕率……」我一面端詳他的時候，想必他也在評斷我。不過，奇怪的是，他卻很少往我的方向看，更幾乎沒有與我眼神交會，眼睛

飄來飄去的，是害羞不敢正視我嗎？卻又不像，因為當聊起他的工作，他大方而自豪地對著爸爸談豐功偉業，談賺了多少錢，談客戶多信賴他⋯⋯這頓相親宴進行到一半，媒人偷偷把我叫了出去，讓我知道他是長子，卻不用負擔家計，要我放心。我只覺得：「奇怪，有說要進一步認識他嗎？八字還沒一撇，言之過早了吧！」結束後，爸爸問我對他印象如何？我說：「他的坐姿不正，似乎沒有對相親這件事很重視，而且連正眼都沒看我一眼，我感受不到他的誠意。」「不知道是廠長做久了，眼睛長在頭頂上，還是⋯⋯他看上的不是我，而是爸爸，你！」爸爸聽完，哈哈大笑說：「你越來越會看人了喔！」相親相多了，這是當然！

另一位，在相親的時候雙方第一印象都還不錯，所以順利地正式交往。他是另一個表姊介紹的，高雄醫學院藥學系畢業後，便在高雄上班，每逢假日，他會特別北上來看我，誠意十足。平時的日子，我們也以書信往來，增加對彼此的認識。他的字寫得端端正正、大大方方，對於很重視寫字的我來說，是非常加分的。

然而，我開始發現有點不對勁，或者準確地說是「不對盤」，原來他是政治熱衷份子，在聊天的過程當中，他時常發表政治評論，而恰好他嚴厲批評的，就是我們全家全力支持的政黨。起初，我僅笑笑、明白地點出：「怎麼這麼剛好，我支持的就是你討厭的政黨！」一開始他會稍微收斂，但沒多久又故態復萌，見縫插針地發表他的言論；連後來我鄭重請他尊重不同的意見，多看這政見背後的出發點和善意，也都被他駁斥，他非但不理會，還想要改變我

的想法，這一點，就踩到我的底線了。從小我就是熱情但不偏激的人，認為每個人都可以有不同的想法，如果因為意見不同、而起爭執，只要雙方站在「理」字上討論，各退一步，就可以和解而達成雙贏。看到他對政治的固執與偏激，甚至強勢逼人，讓我了解到未來如果在一起相處，可能會有不少爭執。

還有一回，我們手牽手逛百貨公司，他對所有販售的物品都有意見，一路說：「怎麼這麼貴！」、「有這麼好嗎？」、「是搶劫吧？」即使我不斷提醒：「百貨公司的東西本來就比較貴，這個還好，不離譜啊！」他仍不斷嘟嘟囔囔；我的手不知道何時鬆脫，也不想再牽著了，因為這件事不但又讓我了解我們價值觀的差異，還讓我清楚明白：「我不喜歡這麼愛抱怨的男人！」隔幾天，爸爸剛好來找我，想關心我們的進度，順便多認識認識他，便問：「可不可以見見他？」「當然可以安排！」當他們聊完之後，爸爸淡淡地說：「你可以找比他更好的。」我沒有問為什麼，因為我也是這樣想。從小就如天一般遠、一般高的爸爸，這次跟我站在同一條線上，我竟有點莫名的開心！

之後，我的態度就很明顯了，希望他知難而退。像爸爸出國回台灣，他想陪我一起接機，我不願意，理由是：爸爸會生氣，只有「自己人」才能接機！還有一次，他出差到台北，無預警地直接來三軍總醫院找我，想約我一塊兒吃中飯，我表示不喜歡這樣不請自來、無事先告知的情形，而直接回絕：「不行，我要在師父那裡搭伙！」他有點失望，但仍不放棄，追問：「那我可以一起去嗎？」

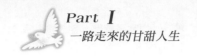

「不方便！」我繼續回絕！最後，他只有悻悻然離去，原本預期的驚喜，變成了他的驚愕，至今我仍不明白自己為何會拒絕地如此快又絕。

即使如此，他仍一直釋出訊息，希望跟我走到最後。終於，他開口了：「我想開一間藥局，選你當老闆娘，好不好？」這本應是一句頗為浪漫的話，但我沒有絲毫感動，反而為了不想耽誤他，決心終結這段關係了，於是說：「我喜歡接觸病人、喜歡上班，不喜歡被綁在藥局、不想當老闆娘。」最後，再將他一軍！「你用『選』這個字，表示你應該還有其他人選。」果然，他終於死了心。或許當初太絕情、太不留餘地，但價值觀的相異難以改變，感情之事無法勉強，不能為了結婚硬是湊合，這是正確的決定。

這接連而來總共23次的「相親事件」並不順遂，而且這些人當中，有19個人見過一次面後，就再也無聲無息，然而，我仍不改樂觀本性，每天認真地上班，熱心地幫同事、病人解決疑難雜症，而且，還阿Q地告訴自己：「其實胖也是件好事，它能幫我擋下沒辦法看到我內在美的人！」

當時也沒預料到，幾個月之後，看得懂我的真命天子真的出現了！

眾裡尋他千百回，真命天子出現！

✽　✽　✽

　　我的先生，王師兄，是目前任職花蓮慈濟醫院副院長的吳彬安（學弟）所介紹的，他們倆人都是曉雲法師的弟子。提起這段姻緣，就要從一隻蚊子說起。

以佛為因，「姻緣」際會

　　還記得前面有提過，我在西蓮淨苑皈依佛門，皈依後若是放假、有空，我就前去當志工，服務眾生，並向師父請益佛法。有一次在西蓮淨苑做志工洗碗時，一隻大蚊子停在我腿上，「好痛！」我一個反射動作，很自然地「啪！」一聲，將牠打死，當下只覺得特別痛、特別癢，沒想到，第二天傷口開始紅腫、緊接著潰爛並擴大，最後衍生為蜂窩性組織炎，我不得不住院打抗生素。

　　許多朋友聽說我住院了，紛紛前來探病，每天都有不少人來看我，好笑的是，同病房的人還以為我是什麼大人物呢！而這位學弟就是其中一位探病者。那次他除了問候我，因為知道我喜歡佛法，

特別帶了兩幅字畫送我，我一見到上面寫著「我佛終宵有淚痕」、「眾生有病，我有病」兩段話，即被裡面蘊涵的誓願與慈悲深深觸動，問道：這是哪位法師寫的？得知是「曉雲法師」後，這個名字就一直掛在我心上。

出院後，從學弟那兒得知，曉雲法師在陽明山的永明寺天天都有講經，剛好那時正值「結夏安居」期間（此為每年夏天出家眾修行的時間，約持續一個月），有兩週的機會可以向她請益，於是，我當機立斷，立刻跟同事換了小夜班，與另一位護士同好，每天相約上陽明山歡喜聽經。而為了回饋與感謝，只要有法師身體不適，我一定安排他們來三總，從掛號、看診、結束，到請吃中餐、以計程車送回……招呼全程、打點周到；慢慢地，幾乎全寺的人都知道：若生病看病，就要找「蘇逸玲」。

那時，永明寺以簽到的方式統計人數，以方便我們聽經學法的信眾及出家眾準備午膳。沒想到這本簽名簿，也成了姻緣的助緣。

說到這裡，男主角該出場了！

還是文化大學學生的時候，王師兄便跟隨了曉雲法師，他至為熱衷佛法，只要一下班，便會到永明寺幫忙，任何學校的社團、聚會他都不參加，只想來佛寺，甚至一度熱衷到想出家。除了佛法之外，王師兄對藝術也情有獨鍾，他從藝術研究所畢業後，考上比利時皇家藝術學院，當他準備隻身前往比利時念書之際，媽媽來找曉雲法師幫忙勸退，原來他是家中的獨子，家人還須倚重他，就在媽媽誠心誠意地跪著祈願：「不能讓他出國，不能讓他出家！」後，

法師點頭答應幫忙，王師兄遵從法師的建議而留了下來，「一切只因塵緣未了。」

王師兄與我學弟都是華梵護持委員，也因而漸漸熟識。一天，開完會後剩下一些零食，學弟隨口說：「師兄，把零食帶回去給你孩子吃吧！」這才得知王師兄還沒結婚，學弟眼睛一亮，立刻說：「那我介紹我學姊給你認識吧！」「她叫做蘇逸玲，剛好每天都會來這裡聽經！」王師兄一聽，覺得名字很熟悉，因為不僅簽到簿上天天出現這三個字，全寺還都盛傳：只要生病找這個人，一定為你安排得妥當周全。王師兄說很想見見我，學弟一方面將我的電話給了他，一方面也聯繫了我，「姻緣」就此際會。

緣份到了，擋也擋不住

當時是1978年，就在那年的10月2日，我生日當天，好像有預兆一般，一早我便覺得心頭熱熱的、怪怪的，好像有事情即將發生。果不其然，中午王師兄打電話來了，除了表明身分外，他還說：「你都請師父們吃飯，要不要也請我吃飯？」之前就聽學弟說此人很幽默風趣，會以這樣的方式跟一個素昧平生的人說話，的確讓我很好奇，雖然口中回應：「你又不是師父，為什麼要請你吃飯？」但晚上還是跟他約在「瑜伽素食樂園」碰面。

一去，我就看到他已經自己吃了起來，「不是要一起吃飯嗎？」心裡正在嘀咕著，還沒等我問，他便說：「因為是『自助

餐』，我就自己來、自己吃啊！」王氏幽默果然跟別人不同，留給我挺深刻的印象。第二天，我下班便來為身體不舒服的廚師打營養針，沒想到他也來吃飯；而第三天，我因為離醫院方便，下班後過來用餐，心裏才想著：「不會又碰到他吧？！」還真的，才拿好菜、坐下來準備用餐，就見他踏進餐廳，開心地向著我揮揮手；當時的我傻呼呼地，以為這都是巧合、不期而遇，殊不知這就是「追求」。而連續三天見面後的這天，他正式提出邀請：「10月9日，我可不可以約你去故宮？」對古字畫、山水畫都很有興趣的我，自然是欣然接受。

原以為這是投我所好，去了之後，發現並不盡然，反而覺得是王師兄在「炫技」，原來，藝術研究所畢業的他比一般人更懂得看藝品門道。那天我們從下午兩點半到五點閉館，僅參觀了一樓的「八大山人」特展，也仍還沒逛完。在他一幅幅的詮釋下，八大山人的每幅山水、花鳥作品的細膩處、內涵與意境更為寫意、生動，彷彿八大山人本尊在為我介紹一般。他的藝術造詣與博學令我忍不住多次驚歎：「你好厲害！」他那微微上揚、嘴角掩不住的歡喜與得意，至今記憶猶新。直到閉館，我們的心仍流連在八大山人的山水、花鳥間，一邊聊著、一邊步出戶外，「下雨了……」我說，看到外頭下著細雨，地上也濕濕的，正因沒帶傘而感到煩惱，他突然說：「你看！」順著他指的方向，我竟看到了一道七彩、鮮明的彩虹，在煦煦十月秋陽下，從故宮階梯的左側延伸到天邊，有著一道非常完美的弧線，七個顏色層次分明、透亮耀眼，我從沒覺得彩虹

能這麼美！人家都說看到彩虹，就代表將有好事發生，「是不是什麼好預兆呢？」是的，後來證實，老天即將為我的人生展開更色彩繽紛、更絢麗的扉頁！

接下來，他又約我碰面，只不過我已經先與另一位學弟約好去南投水里的蓮因寺參佛。提到「蓮因寺」他眼睛一亮，告訴我蓮因寺的住持——懺雲老法師（懺公師父）正是他碩士論文的指導老師，「怎麼會有這麼巧的事！」我直覺得不可思議，便找了「臨時有事」的理由，與學弟爽了約，改和王師兄一起去拜訪懺公師父。

由於他的引薦，懺公師父與我們深入探討佛法與人生，我更有幸親眼看到懺雲老法師手繪的「西方三聖」真跡。三面大屏風上，左邊是觀世音菩薩，中間是阿彌陀佛，右邊則是大勢至菩薩，個個莊嚴肅穆。我們一面看，師父一面述說他如何在夢中得到阿彌陀佛的啟示，而畫下這三尊聖者圖像，以便所有往生者，都能在此三聖的帶領下前往極樂世界；我們看著、聽著覺得非常感動，那一天，在佛與法的面前，我們又靠近一些。下山後，他突然說：「我媽媽想要見你，她很喜歡你。」從沒見過他媽媽不說，何況我們也才認識不過十幾天……「我不認識你媽媽，為什麼她會喜歡我？」我認真地問，他一時答不出，便隨口說：「我說了就是！」一副賴皮模樣，緣分到了就是到了，我沒有一絲不悅，反而喜孜孜地回家告訴大哥。大哥拍手叫好，立刻也轉達讓爸爸知道，「來，帶他來見個面吧！」爸爸高興地說。先前與23位無緣的擦身而過的相親經驗，已經教爸爸決定「放牛吃草」、不再積極幫我介紹對象，結不結婚

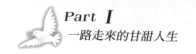

都讓我順其自然了，沒想到緣分自己找上門，而且來得這麼突然！告訴王師兄後，他非常高興，我尚未去見他媽媽，他反而先來我家作客。

💙 一個月內，決定終身相許

那天，爸媽都在家，他一坐下，爸爸就開始身家調查，從他的工作「華南產物保險公司」問起，老家在哪裡？家裏做什麼？一一詢問，王師兄有備而來，大大方方、鉅細靡遺地做說明，爸爸一面聽，一面看，一面微微點頭，感覺印象是好的；雖然王師兄老家開碾米廠，並非很富有，但他相貌端正、敦厚正直，目前的工作發展性都不錯，尤其也學佛，非常加分。看來這第一關，算是過關了。但突然，爸爸問我：「過幾天，妳能不能陪我去耕莘醫院做健康檢查？」碰巧那天是週五，醫院有莒光日，我無法請假，沒想到，他立刻說：「我陪！」真不知道他這麼大膽，竟主動對初見面的長輩提出如此要求，而爸爸也順勢開心的接受，第二關的考驗即將開始。

那天上午，在醫院上班的我魂不守舍，不知爸爸會再問他什麼？會不會考倒他？他能過關嗎？我似乎比王師兄還緊張。一下班便趕緊回家，進門，就看到兩個人氣氛熱絡、相談甚歡，爸爸點點頭說：「王先生很不錯！」心中的大石才落了地。後來，我們繼續在巷口的餐廳用餐，吃完飯，爸爸起身要回新竹去，臨行前，他回

頭跟我說：「我這關過了，接下來就看妳囉！」當著王師兄的面說這些話，讓我倆感到非常尷尬，所以，送爸爸坐上國光號之後，我們兩個在回程的路上，都靜默無言，不知道該說些什麼，但隱約知道即將有些事會發生。

三天後，他像是下定決心似的，再度邀我出去，請我（婚前唯一的一次請客）喝鮮果汁，在北車附近、那個再尋常不過的冰果室裡，他說：「你要不要嫁給我？」一方面是驚喜，一方面是試探，我問他：「你難道不在乎我的身材？」獨特的王氏幽默又出現了，他得意地說：「我有 X 光透視眼，能直接看到妳內在的美！」這樣的男人，還能不嫁嗎？我點點頭，而且為了掩飾心裡的開心，一口氣喝完那 35 元卻美味無比的鮮柳橙汁，在北車附近、那間平凡無奇卻令我永難忘懷的「綠灣冰果室」。

三個月後結為連理，一生相伴

10 月 26 日，離我們初次見面不到一個月，他跟姊姊、姊夫就代表台南老家的爸媽來我家提親。當天，爸爸就選定一個月後，也就是 11 月 26 完成訂婚，而結婚的日子，就由男方爸媽討論後再來決定。

其實，在爸爸同意我們結婚前，還有個小插曲，原來爸爸很在意三種疾病：精神病、糖尿病與罕見疾病，也曾而耳提面命地告訴我：若是有這三種疾病的人不能嫁。由於大哥在榮總能調到病例

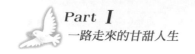

（醫師的特權），爸爸已經看過王師兄的健康檢查報告，知道他只有一些不嚴重的胃病，並沒有那三項，於是才放心地答應了這門婚事，畢竟健健康康，才能給女兒幸福。

「蘇醫師嫁女兒」在我們新竹的鄉親之間是一件大事，我們擺了20幾桌，送出300盒喜餅，王師兄沒有用他家裡的錢，將存了幾年的積蓄十幾萬，全部都換成了喜餅。那怎麼買戒指？幽默的他說：「戒者，在心也。」「意思到了就好，重點在心意！」於是，我們買了一個戒台很高、存在感十足的戒指，上面鑲著一顆小小的、亮亮的小鑽石。

訂婚那天，我們在壹同寺，舉行佛化婚禮，很隆重、很殊勝。證婚人是一位大法官，司儀是曾任法鼓文理學院校長的惠敏法師，而壹同寺的住持玄琛法師也與會加持，我的恩師，國防醫學院護理部主任周美玉將軍也應邀致詞，三軍健康檢查中心、三軍總醫院、情報局醫院前後期好同事也都來了，而爸爸的好友也相當多，莊嚴的大廳站滿了觀禮的人。當然，我們互送對方12禮都沒少，該有的禮節也都謹遵。然而，新郎官是這場合最大的重點，也是最大亮點，姑媽、親戚朋友們要看的，就是我究竟嫁給了誰？王師兄那天實在帥氣，穿上唐裝的他風度翩翩，笑盈盈地一一主動跟姑媽們打招呼，又很有禮貌，一想起他那天的模樣，依然讓我心跳加快。果然一下子就征服了姑媽們的心，個個都湊過來跟我說：「妳嫁到好先生了！」的確，王師兄是那種，只看到別人的優點，不道人是非、古道熱腸，又老實善良的人。

後來公公婆婆算好日子，將婚期訂在1月11日，我們也決定好結婚後住的地方，就在這短短的一個半月，訂做禮服、打理新家，還要做好心理準備，時間的確很有限，但是跟王師兄在一起，沒什麼好擔心。即使事情很多，仍是一件一件處理，我們並沒有慌張的感覺；即使他不懂甜言蜜語、從不浪漫，但有他像哥哥一般的照顧，我總是很安心。而且，一想到之前感情路走得跌跌撞撞，便更珍惜這個姻緣了，「我終於嫁了，而且嫁了個性這麼好、這麼帥氣的先生！」待嫁新娘的心是如此雀躍！

成為「王太太」的新生活

結婚當天，我們在台南老家「辦桌」，公公說他們能娶到新竹醫學博士的女兒，非常有面子，請了2、30桌鄉親、朋友。只見他那天周旋在每一桌客人之間敬酒、乾杯，微醺後笑聲格外爽朗，像極了婚宴的主角，比我們新人還出風頭！而我穿著鳳仙裝，圓嘟嘟、古錐古錐、見人就笑盈盈的模樣，很得長輩歡喜，也在這些才結識的親戚朋友間，留下好印象。

台南新嫁娘對內對外、對上對下的禮俗都不馬虎，還好我從小就跟著阿嬤學，大大小小的家務都難不倒，於是，第二天新媳婦要捧水給公婆盥洗，為一家子煮三餐、做家事……都駕輕就熟。就在老家與公婆相處了一整週後，我們回台北，我開始以新身分「王太太」，邁向人生的新階段。

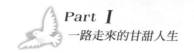

　　就像之前說的，我和王師兄的感情從不是放閃的、極其親密的關係，反而他很害羞，不懂得表露情感，也從不會在路上牽起我的手。我們倆總是互相以「哈囉」相稱，這「哈囉」兩字，寓意很深，既是打招呼，也是問好，更是關心和支持，我對外也一直稱他作「王師兄」、「王大哥」，他給我一種「無論如何都會守住家」的穩定感，而且非常尊重我和我的工作；若有重要的事情需決定，我們一定都一起討論；他尊重我，我給他面子，我們兩人很有默契地相處，也很喜歡這種既是親人，又是密友、又是同修的關係。

　　然而，結婚沒多久，很快就不是兩人世界了。先是一個月之後，婆婆搬上來同住，再過一個月，原本婚前就與先生同住的妹妹，也順理成章住了進來，所以我們連蜜月都沒有，就開始「四人行」。不過，也因為這些可能性都是婚前就知道，而且先生也跟我商量、討論過，所以我已有心理準備，跟他一起擔起這些責任。

💗 成員不斷加入的大家庭

　　婆婆曾中風過，結婚前的兩次小中風都是由先生的大妹照顧，結婚後便由我們來接手。由於中風的緣故，婆婆的右手沒有力氣，語言中樞受損，所以無法清楚表達自己的想法，還好她的行動、走路都不是問題，簡單的活動可以自理，但是切菜、煮東西仍無法做到，平日都上班的我們，便輪流中午回家煮午餐給她吃。而且婆婆接受我的建議，上午吃完早餐後，便在家裡的佛堂念經，念完三、

四遍經文之後，我或先生就剛好回到家陪她，幫她煮午餐。早上念經，不僅讓她有事可期待，也能安頓身心、保持平和的心情。

除了料理飲食之外，照顧婆婆的重點還有「避免摔倒」，因為她的身體已不堪再一次跌到，我們不只幫她買防滑拖鞋，也留意她在家中行走的動線上，不能有障礙物、不能有水漬，以免她跌跤。

婆婆很喜歡吃糖，但我們怕她噎著，所以再三叮嚀：「一定要在我們在的時候，才能吃。」有一次朋友送來咖啡糖，一整包放在高高的櫃子上，她果然趁我們不注意偷偷拿了凳子將糖罐取下，快速丟一顆在嘴裡，沒想到真的噎著了！還好，當時我在場，立刻用哈姆立克急救法把她救了回來！這次經驗讓她再也不會急著吞嚥，尤其在吃糖的時候，一定含著，讓糖果慢慢融化入口。小姑有一次算命後，特別跑來家裡謝謝我，因為算命師問她：「妳媽媽還在嗎？她應該在民國70年那年會過世。」「如果還在，那是因為妳們家有菩薩保佑。」想想她噎到的那年，正是民國70年！我很感謝自己能如此守護家人。婆婆是民國94年那年過世，她整整多活了24年。

後來，我從三軍總醫院轉到榮總上班，醫院的事既多且繁複，常常回到家，整個人都累垮了，但家裡除了有老的要照顧，小朋友也一個一個出生，為了提高效率、加快速度，我練就了一身「與時間賽跑」的好功夫！中午回家煮飯、吃飯、洗完碗，便將晚上要煮的菜放到冷藏室，並簡單備料；傍晚一回家，先放熱水，準備幫婆婆洗澡，一面也把衣服放進洗衣機、打開開關；一面，將晚餐食材

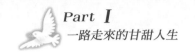
開始洗洗切切；腳也不閒著呢！我常常一隻腳做支點，另一隻腳便左滑右滑地拖著地板；當感受時間緊迫、有點喘不過氣時，就喃喃念著佛號：「阿彌陀佛、阿彌陀佛……」讓自己心靜下來，免得太急而切到手，欲速則不達。

民國79年，婆婆三度中風，開始臥床，而此時公公也中風了，所以北上由我們一起照顧。

公公才來家裡沒多久，一天上午，我上班前跟他打招呼，不料他沒有回應，我仔細一看，竟看到他斜坐在椅子上，手不住地顫抖，面部極為痛苦、臉都發青了，像是吸不著空氣，我立刻用拳頭捶打他的胸骨，敲擊他心臟的部位，再讓他向右側躺，不住地用手拍打背部，讓氣管通順；情況稍穩定後，再一手掐他的人中，一手壓腳踝上的復溜穴，讓公公身體的淤塞被舒緩、血液重新順暢循環起來，終於公公的臉色恢復了紅潤。仍在驚嚇中的我，喃喃問道：「你剛剛去了哪裡？」公公不假思索地回答：「我去閻羅王那裡一趟，祂說：時候還未到，叫我回來。」真是嚇壞了，我連忙說：「既然不是去阿彌陀佛那兒，我們就趕緊念佛。」一場虛驚之後，公公又多延壽了10年。在護理界幾十年，我很慶幸與感謝能在公公婆婆生死存亡之際，用所學救回了他們！

當我們將公公一起接來照顧時，三個小孩都已出生，最小的才一歲半，雖然我們已經換到較大的房子，主臥房也換了兩張可坐、可臥的醫療病床，以方便公公婆婆起臥，但是老的、小的都需要人照顧，加上我在榮總已經升上了護理長，院內的庶務、人員的調度

繁忙，顧內顧外真的不容易。那時的我只知道「逆來順受，做就是了。」不去想有多難，其實很辛苦，真不知道如何渡過。還好後來我們找到了一位60多歲、做事細心、牢靠的歐巴桑，白天來照顧公婆的起居和飲食，晚上再由我們接手，才讓一切變得比較輕鬆、容易。然而，最小的女兒已無力照料，我們只好送到保姆家24小時全天候照顧。如此一來，龐大的照顧支出，幾乎佔了我薪資的3/4，非常吃力，為何說是我的薪資呢？這除了連帶與先生的工作情況有關外，也與曉雲法師相關。

❤ 默契與義氣，促成彼此想要的人生

成立華梵大學是曉雲法師多年的心願，因緣具足後，她就將我找去商量，說明創校對她的意義深重，她需要男眾幫忙一起建校，「只可惜男眾不多，而且多居公務要職，放眼望去只有你先生的時間比較有彈性。」「妳願意讓王居士來幫我忙嗎？」面對她老人家77歲，又是我最敬重的法師，她開口需要協助我豈能說不？！於是，民國76年先生辭去原有的工作，接受這薪資不高，但意義大過一切的工作，為曉雲法師籌備建立華梵大學。事後，先生笑說：「你怎麼把我賣掉了！」我回他：「是我給你面子，讓你不必問老婆，就一口答應！」我心裡明白這是他想做的事，不過是透過曉雲法師的口傳達給我罷了。而這個決定，也讓我同時認知到家裡的收入會變少，我必須扛起家計，並學習如何理財。

當時的我，雖然扛得辛苦，但走過之後知道，這一切都是為了成就我後來的所有工作；為了讓全家人生活無虞，我沒有退路，只能前進，所以會更義無反顧地做好手邊的每一項工作。

先生則因為上下班時間固定，有更多時間在家裡照顧兩老跟孩子們，給了我十足後盾，讓我無後顧之憂。

對父母，王大哥盡心奉侍，對孩子們，他也從不擺出「我是老爸，我說了就算」的權威態勢，總是循循善誘，而且不囉唆，只說重點；跟孩子們討論問題，他都耐心地為他們分析、提供建議，三個孩子都跟他關係很好，很敬重他。即使照顧兩老佔去大部分的時間，他仍不忘與孩子們相處，每逢六日，會在上午先幫公婆洗好澡，然後趁他們午睡、我忙家務的時間，帶著孩子們出去走走、玩玩，享受親子時光！我和王師兄彼此知道，因為是我、因為是他，我們才能互相幫忙，克盡職責，在促成對方想要的人生時，也完整自己的人生，這是上天最美好的安排！

民國88年，因歐巴桑過世，加上王師兄考量到自己體力難以負荷兩老的全天候照護重任，才將公婆送去養老院由專人照顧，隨後，小姑也搬出去了。這一年，月瑩已是大學生、月輝是高二、月照是小學五年級，我們就此開始過單純的一家人、五人生活。其實，早在結婚前，曉雲法師就已預言，我會為王師兄原生家庭辛苦20年，算一算果是如此，太靈驗了！即使如此，王師兄給我的更多，一切辛苦都值得。

❤ 三個貼心的寶貝女兒

雖然我們家是「女主外，男主內」，王大哥擔負了大部分教養孩子的工作，我仍盡自己的可能，給予她們良好的品德與習慣養成。像是因襲父親而來的書法，我便帶她們從小一起學習，以書法穩定心性、培養耐心，也潛移默化地養成孩子們做事的態度。

在三個女兒求學階段，面臨科系選擇時，我將爸爸曾告訴我「醫護人員在任何時候都有貢獻機會」的想法轉達給她們，使得老大月瑩、老三月照也成為了「白衣天使」。

老大月瑩，從小就很負責任，會主動分擔家務並照顧妹妹們。工作上也是如此，有時還會太認真以至耽誤了用餐，使得健康一度亮起紅燈，我相當心疼，總會打電話提醒她「好好吃飯」。後來，因為王大哥生病的關係，月瑩請了一年事親假，好好陪伴爸爸。那一年她深刻體會到健康的可貴，並了解工作其實可以有其他的可能，於是隨著我一起邁入營養醫學的領域。現在月瑩不但是我的得力助手，也已經能獨當一面主持講座。看她一步步進步和成長，我覺得相當欣慰。

老二月輝，是個溫柔、貼心的女孩，小時候就有繪畫的天賦，常常以畫畫表達心情，對色彩、美學也特別敏銳，後來自然朝設計與藝術方面發展。即使不是老么，卻最愛撒嬌，不但會常常打電話回家，問我好不好？即使已經是兩個孩子的媽媽，她每次回來都還嚷著：「媽媽抱抱～」就像長不大的孩子呢！也因為溫和、穩定的

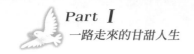

好個性，先生很疼惜她，公婆也倚重她，令我很放心。

　　老三月照反應快、創意十足。對自己生活很有想法的她，不只愛看書，還會將書中的心得分享給身邊的人，並落實在生活裡，以獲得更好的人生。前一陣子，她還教我如何收拾、如何斷捨離，看她俐落地將物品分類，決定丟棄、儲藏或陳列，即使放在視野所及之處，也是整整齊齊，有條不紊，心裡想：「這個小女兒真是不簡單呢！」

❤ 終須告別，卻似不曾遠離

　　2017 年 8 月，王師兄突然一個月之內暴瘦好幾公斤，我直覺這不尋常，要他趕緊去看醫生，他卻說：「不用，該走就走，沒關係！」要率性瀟灑也不能如此，這次我不依他了，連忙幫他掛好號，拉著他去醫院，說：「你可以這麼率性，說走就走，但我們還是要知道得清清楚楚！」「只看超音波、掃一掃就好。」知道他不扎針、不做侵入式檢查，便用最簡單的方式尋求解答。

　　那天是 9 月 11 日，週三，我記得非常清楚，我請榮總的放射線科周主任幫他檢查。才一掃，主任就眼睛睜得大大的，原來，有兩條清晰可見的腫瘤就在肝臟上方！一條九公分，一條十公分，已經大到足以擋住血管！由於癌細胞透過血管擴散，不能開刀，「若做酒精栓篩，還可以延長兩年，但每隔幾個月就要篩一次。」「如果什麼都不做，活不到半年！」醫師這麼說。面對這樣的宣判，先生

很坦然接受，還笑笑說：「既然時間到了，就輕輕揮手，不帶走一片雲彩。」他不做酒精栓篩，因為那只是拖時間，而且自己和我們都會痛苦，他認為生命無論長短，都要活得舒服、自然、而帥氣。而我呢？對這亦師亦兄亦友的至親自是相當不捨，然而，長年在安寧病房看過無數生離死別，加上經年學佛，了解「死亡不是最後的終點」，所以，不捨而心疼地尊重他的決定。

平時豁達、風趣的他提了一個建議：「不是有個電影叫《一路玩到掛》？妳們陪我這麼做吧！」於是，我們把握著最後的時間，只要一有空，就讓他開車帶著一起出遊，他用心地扮演好「先生」與「爸爸」的角色，而孩子們也非常珍惜這剩下不多的時光；學護理的大女兒月瑩特別請了一年的事親假，隨時陪伴他、照顧他。

那一年，二女兒的男友來提親，女婿的憨厚、有責任感先生早已看在眼裡，很放心地把女兒交付到他手中。也因為發現時日不多，女兒、女婿兩人提前訂下日子，在同年12月18日便結婚了。

結婚當天，女兒、女婿跪著聽他的殷殷叮囑，女兒也知道從今以後要更獨立、更堅強，才能成為讓爸爸放心的、真正的大人。記得那天寒風凜凜，大家都穿上厚重的衣服，他也戴著帽子，當牽著女兒步上紅毯時，王師兄臉上掛滿了晉升岳父的喜悅和驕傲。然而，熟識他的人也看得出他削瘦了許多、臉色蒼白……親戚好友們不好當面問，便事後來關心，當得知他的病情後，紛紛感到難過，為他惋惜，還有許多人比我們還不能接受這件事，只因他平日待人太好，結了許多善緣呢！

　　這段相伴相隨的日子，淨空法師的「阿彌陀經」是我鞏固內心平靜的最大力量，我知道，王師兄的肉體隨時會離開，但是精神會永遠留在這個家，與我們常在。

　　12月25日王大哥的姪子在台南結婚，他即使體力不濟，仍堅持開車南下，因為「開車最自由自在，若累了，休息就好。」我們從台北開到苗栗通宵，吃了一頓素食午餐後，在埔里找一位師兄並過夜，第二天再下台南參加喜宴，當晚住旅館時，他顯得很疲倦，無法多說什麼，但是看我和大女兒聊著喜宴的事、談著過往，他聽得好開心，一直點頭、一直微笑……那是最後的一次出遊。

　　過完年後，王師兄的疼痛更明顯了，我們先以貼片止痛。4、5月，舉家搬回新竹娘家，讓他有更理想的環境安心靜養；6月份，從貼片劑量12.5μg/h、25μg/h，最後用到50μg/h也無法減緩他的疼痛，我們便決定直接住進榮總大德病房，此時大家都有心理準備，不得不面對這個現實。注射麻醉藥後的王師兄，意識仍都很清楚，也開始交代我們該注意的事、銀行帳戶、保險的事……存摺印章一一比對，生活細節一一叮嚀，豁達瀟灑如他者，面對這最後一關，仍不免說著說著就紅了眼眶。而他也不想驚動太多人，只讓幾位親近的親友知道他的情形，或過來探望他。

　　8月8日，最後一次父親節，最後的一句「父親節快樂！」我們和孩子們的手疊在一起，他語重心長地對孩子們說：「妳們之後一定要孝順媽媽，姊妹們要彼此幫忙。」對於已退休的我，他再次表達對安麗的支持，「這是個讓人『安身立命』的志業，安麗的兩

位創辦人是菩薩，他們用愛給人們更好的生活，妳也要好好在這裡發揮妳擅長的營養醫學，幫助更多人。」「成為妳想成為的人。」唉～如此懂我、挺我、珍惜我，如此在修行路上攜手同行的王師兄，實在叫人不捨，真是捨不得⋯⋯

8月13日趙可式老師在榮總演講，演講完特別去看看他，找他聊一聊。傍晚老師說要帶我去用餐，王師兄笑笑，並說：「趙老師再見。」半個鐘頭後便睡了。一直到第二天7:20，我和月瑩側看他躺著、背著光的身影，發現他胸口似乎沒有起伏，探了一探，才知道他不知何時已經走了，面容極為安詳，就像是睡得很沉很香，即使已有心裏準備，那一刻仍最是傷痛⋯⋯告別式上，我們不僅為他播放三寶歌祝福他跟著諸佛前往極樂世界，也播放 The Bucket List（《一路玩到掛》電影主題曲）紀念他率性瀟灑的一生。

就像一位朋友的形容，王師兄「像是一位從古書中走出來的謙謙君子，臉上總是帶著微笑卻不多言，你與他之間彷彿隔著一道小溪，清風徐徐，點頭含笑，揮手致意，悠然而止。若偶爾交談幾句，話語充滿哲學家的思維，簡短卻又耐人尋味。善於書畫的他，常常只是幾筆，潑灑間所蘊含的意境卻令人驚嘆回味再三。」他的一生雖不長久，但留給我們與認識他的朋友卻是非常美好和深遠的影響。

王師兄離開後，我的心情也比想像中平靜，也許是長期修佛使然，也許是不曾覺得他離開過，當是他暫時去旅遊，就像之前一般。只不過，若遇到重大抉擇、不知如何處理，或是與孩子們之間

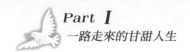
有衝突、不知如何好好溝通時，一股「如果你在，該有多好」的心情便會油然而生。

第六章

自性、神性，
我與佛的距離

佛教家庭出生，卻醉心於天主榮光、差一點受洗為教徒，又回到佛教⋯⋯在信仰中，我尋尋覓覓自己的價值，探索生命的意義。

佛教世家，從小與佛結緣

❋　❋　❋

　　我們家是佛教家庭，家裡的神龕敬拜了一尊菩薩像。跟我最好的阿嬤從小便囑咐我，每天都要敬拜神明，不但要擦拭神桌，為菩薩換清水、鮮果與上香，有時還要用牙刷一一清理神桌四角的立體雕花，連神像本尊（觀音菩薩像）也要清洗乾淨。在清洗觀音菩薩像時，阿嬤總是先口中喃喃默念，雙手合十，再虔敬地捧著祂，小心翼翼地淋上清水，像洗 baby 一樣，輕輕柔柔地洗。「讓祂清清潔潔，咱甲有誠意。」阿嬤敬天用的是絕對的虔誠與身體力行。

　　還記得，每逢春節、元宵節等大節日，阿嬤都會帶著我從媽祖廟、城隍廟、地藏王廟，觀音廟到竹林寺，將新竹附近的大寺廟全拜過一輪，一邊叮囑著：「金紙，敬拜的是神，銀紙，是用來祭拜祖先。」哪一間寺廟只拜神，拜幾顆水果？哪一間神與祖先要同時祭拜、水果與糕餅要準備幾份、從哪兒開始拜神明？……她都交代得清清楚楚，所以跟她走過幾回後，我也熟記了所有敬神拜祖的祭品、順序和儀式，每到一座寺廟，便一件不差地自動把物品準備好，並想努力把東西全放上供桌，但是才三五歲的小娃兒，哪裡構

得上供桌擺東西呢？所以總惹得阿嬤哈哈大笑，至今我還會憶起阿嬤一面開懷大笑，一面說著：「這嬰仔跟佛祖揪有緣！」的確，小小的我隨著跟著阿嬤四處拜拜，雖然懵懵懂懂地只知道敬畏天神，但似乎已種下了與佛的因緣。

爸爸呢，則在福嚴精舍的印順導師（近代佛教界的大師）座下皈依，他也是位虔誠的佛教徒。只要是出家眾來求醫，他都義診結緣，甚至為他們往診，也不收取半毛錢，所以幾乎整個新竹地區的師父都會來找爸爸看病。除此之外，爸爸也時常供養出家人、捐款興寺，當時華梵大學建校，他不僅自己捐了許多善款，也號召新竹仕紳們一同響應呢！

其實，爸爸早已將佛行於醫，行於為人處世；看病時，他不僅醫治病人的身體，還會跟病人談心，聽聽他們的家務事，有時還要扮演心理醫師的角色，「身心一體，有很多身體的病，都是因為心病所造成的。」所以對他來說，只要心結解開了，身體的病也就容易慢慢改善。也就是因為如此，看一個病人要花費許多時間，有時，病人太多（曾經有當日高達 100 人以上的紀錄）媽媽便會在診所後面的客廳接待病人。我們家，早就將病人視為客人接待，媽媽會陪病人與家屬聊天，我則一面打招呼、一面泡茶給絡繹不絕的「客人」喝。

有時，我因為好奇而偷偷溜進診間，想聽聽爸爸跟病人說些什麼、怎麼聊這麼久？原來他們聊的都是尋常但有些棘手的家務事，有的是親子問題，有些是夫妻溝通問題，還有人談工作的不順利，

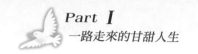
爸爸常常靜靜地傾聽，然後引述佛經上的經文來勸說，把問題的關鍵點出來。當看著病人鬆開愁眉後離去，他便回頭告訴我：「家家有本難念的經。不過，只要把問題說出來，就有機會處理，然後變得不是問題。」

　　媽媽也是個慈悲、胸懷寬廣，且正面能量強大的人，遇到負面的事、難過的心情，她總能正面以對，即使發生再嚴重的事，她也不做立即性的情緒反應，只會先輕輕地說：「怎麼會這樣呢？」給自己、給別人更多理性思考的空間；因為不重看，所以輕輕承受與帶過。雖不曾看她讀佛經，或者特別去哪一間廟宇參拜，但媽媽在生活上運用的智慧，時常與佛法的道理相映。

天主住進我心裡的那幾年

❀　❀　❀

從小在香火裊裊的環境裡長大，到了高中，上了曙光女中後，我接觸到的是另一個截然不同的潔白、明亮的世界。曙光女中是天主教學校，充滿慈愛眼神、溫柔溫暖的姆姆（修女）們，是我對天主教的第一個印象。

♥ 賜予我平靜與喜悅

在那三年，我最要好的同學叫林妙貞，她是一位天主教徒。我們除了一起上課、念書、憧憬未來的一切外，下課以後也會留在學校旁的教堂禱告，為課業、為自己和家人的健康平安而祈禱，每天沈浸在那寧靜、喜樂的氛圍中，我覺得很滿足、很幸福。所以有一天，妙貞問我：「要不要也來受洗？」我想都不想便答應了，而且準備週日就瞞著爸媽跟她一起去受洗。

但，或許是冥冥中的安排，那個週日，就在騎著腳踏車前往教堂的途中，原本爬坡沒問題的車子，竟在關東橋上出了狀況，怎

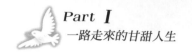

麼都爬都上不去。我才意識到是不是自己的「不告而做」，違背了
《聖經》中第一戒「孝順父母」？也或許是上天在提醒我必須三思
而後行，才安排這個事件。於是我便打道回府，打消受洗的念頭。

後來，跟爸爸誠實以告這件事，談到受洗，他並沒有直接回答
贊不贊同，只告訴我多了解宗教，也正式告訴我：「什麼是佛？」
爸爸說：「佛，非人也，是『覺悟』的意思，只要覺悟了，人人都
可成佛。」這是很公平的事，與「要信靠主，才能開悟」是很不
同的論點。我因此開始思考自己的生命觀以及宗教對我的意義。是
的，我也希望成為靠自己就能開悟的人。

然而，對天主的倚靠仍未改變，祂的榮光與慈暉仍是我忙碌生
活中得以喘息的慰藉，是內心徬徨無助時的避風港。所以上了國防
醫學院之後，四年來，仍每週都到耕莘文教院望彌撒，光是在教堂
聽神父佈道、唱詩歌，看人們領聖體，我就覺得無比安慰與滿足。

直到脫離了學生生涯，民國65年有機緣遇到法師，佛之大門
才正式對我開啟，由因緣引我入門。

一本《佛陀的啟示》進入浩瀚佛門

✳ ✳ ✳

民國65年我在三軍總醫院，想藉由瑜伽來減重，「阿南達瑜伽」給予我穩定下降的體重，也給了我日益提升的健康。後來更隨著老師去苗栗的法雲寺打坐、吃素，藉此持續良好的狀態。「吃素」成為了契機，在我回台北尋覓素食處、找到聖靈寺搭伙後，在同時搭伙的五位三總實習醫生（我稱學弟）影響下，我開始跟他們一起切磋佛經，參與佛事。

尤其是鄭姓學弟借給我的那本《佛陀的啟示》，令我感觸良多，讀完後就結束每週上教堂的日子。有幾句話深深打動我：「一切唯心造，只要心轉，境就會隨著轉，我們每個人都是自己的主人，都可以不隨波逐流。」六祖慧能所言：「菩提本無樹，明鏡亦非台，本來無一物，何處惹塵埃？」更讓我醍醐灌頂，從佛法中找到了人生的真理。這時，我再對照爸爸曾說過「覺悟」，我發現這才是我真正嚮往、真心想要的生命！

❤ 在「西蓮淨苑」智諭法師座下皈依

那時,松山寺是北區大專院校學生習佛、參與佛事的重要據點,我也經常跟學弟們前往松山寺,隨著住持智諭法師一步步深入經藏、探索佛門智慧。後來,智諭法師在三峽創立了西蓮淨苑,不少人也一起過去繼續修習佛法,我便是在西蓮淨苑由智諭法師完成皈依,成為佛門弟子。爸爸得知我皈依後,非常開心,也跟著我在智諭法師座下皈依,看到他如此支持與陪伴,我很感動,此生我們不只是父與女,也是佛門的師兄弟。

皈依後,除了平日繼續與聖靈寺共同搭伙的學弟們討論經文,我只要週末有空,便會在週五晚上前往三峽住一夜,然後週六清晨四點起床準備參加五點的早課,接著八點再聽智諭法師講經說法。雖然當時並不很了解經文內容,只要有一兩句話理解,能作為日常行為法則的依據,那就值得了!

修習者們來來去去,也有幾位來了、便不走了,在此出家,留在西蓮淨苑跟隨法師潛心向佛。當時是台大護理師的慧觀法師便是其中之一,我和她也是在那裡結緣,並始終保持密切聯繫。慧觀法師還是這本書的推手呢!

那段向智諭法師請益勤修的日子,為我打下了佛學基礎,讓我與西蓮淨苑結下長久而深厚的因緣。現任住持惠敏法師也是我極敬重的法師,每次去西蓮淨苑都會聽法師講經,他在法鼓文理學院擔任校長時,曾以釋迦牟尼佛的指引「拈花微笑」延伸出「以拈花

微笑面對人生三事」作為當時寫《人生》中專欄的基調，這人生態度讓我打心底佩服。是哪三件事呢？法師說：一笑，諸行無常；二笑，諸法無我；三笑，涅槃寂靜。他還建議我們可以從「知足常樂」來體解諸行無常，從生活中的點點滴滴知福惜福、感恩持戒，建立修行次第，行個人「解脫道」。以「助人快樂」發揮諸法無我的精髓，對他人、對外在環境行利他之「菩薩道」。而面對生死時，法師引用《大般涅槃經》：「諸行無常，是生滅法，生滅滅已，寂滅為樂。」主張源於西方的安寧療護要在東方走出適合自己文化背景的模式，積極投入並推動屬於佛教徒的臨終關懷，希望能引導臨終者走向無生無滅的「涅槃道」。王師兄住在榮總大德病房時，惠敏法師曾去探望，輕鬆談笑，紓緩許多他重病的疼痛；表弟即將離世前，法師也特別前往關心，並開導他放下一切人間事，安心往赴極樂世界，表弟後來安詳辭世。

💟 生命中第二位法師——玄琛法師

民國66年，爸爸的診所來了一個年輕法師，如琳法師，他帶著師父玄琛法師來就醫，爸爸恭敬地為他看完診之後，向法師說：「我女兒對佛法很有興趣，希望有機會跟師父學習。」於是，就在下一次的法會，我從台北帶了學弟們來到壹同寺，認識了第二位令我欽佩的玄琛法師。玄琛法師對於年輕人學佛相當讚許，覺得人生難得、佛法難聞，我們年紀輕輕就懂得佛法的益處，主動來接近

佛，相當難得；尤其我們是醫護人員，濟世救人之餘，不但醫病，還能醫心，更是可貴！

向「律宗」懺雲老法師學習拜佛行儀

由於喜愛親近佛法，只要有大師級的法師演講，我都盡量去報到。在榮總服務的時候，我有幸接觸到景仰已久的懺雲老法師。

懺雲老法師是水里蓮因寺的住持，隸屬佛教八大宗之一的「律宗」，律宗以守戒律著稱，不僅過午不食，法師也不會直視女眾，拜佛行儀更是嚴謹。當時，懺雲老法師會不定期來北部舉辦大專佛學營，這雖然是針對男眾舉行的活動，也會開放一兩場為大眾講經說法，所以我幾乎每場都會參加。

記得，法師來北部時，是由龜山的一位黃姓居士貢獻場地，那時每一場都有上千人參加；我印象最深刻的是，懺雲老法師教導眾人唱誦「南無阿彌陀佛」佛號時，會搭配著禮佛的儀式，一面唱誦，一面跪拜與懺悔，那千人一起跪拜的場面，實在相當震撼！當唱誦到「懺悔偈」時，令人感動到淚流滿面、真心懺悔！

得道高僧們庇佑眾生，化險為夷

關於懺雲老法師的法力，最為人津津樂道的是民國88年921大地震前的預知力，那年，事情還未發生前，老法師就突然召集眾

人到蓮因寺一起念佛，從晚上6點鐘誦念到9點半，所有人渾然不知為何，但也沒人多問，只相信跟著老法師跟著唱誦就是了。沒想到清晨1點多，發生芮氏規模7.3級的大地震，水里、集集附近尤其是重災區。然而神奇的是，地震造成的裂痕止於蓮因寺，它不僅屹立不倒、安然無恙，也使鄰近地區免於災難呢！

說起那次921大地震，我後來認識的生命導師──曉雲法師也展現了她的預知力。88年那年1月18日，已經88歲高齡的她應邀去埔里仁愛鄉一位居士的家作客，沿途需要人照顧，於是我請了三天假，一同去中部隨侍照料。作客期間，某天曉雲法師突生靈感，徵求居士的同意後，便在他家附近的橋墩上以紅漆寫下「梅花耐歲寒」五個字，本以為是師父的隨性之作，沒想到當年9月21日大地震，橋墩斷裂處正好止於這五個字，居士家未受任何波及、全家平安無恙。大家都說是曉雲法師的題字擋下了這個劫難，當初的題字原來是一份法力加持的祝福。

夢參老和尚，示現生活禪

在我習佛的路程中，還有一位甚為景仰的法師──夢參老和尚。

夢參老和尚是大陸黑龍江人，17歲時便出家。23歲受倓虛大師之託，至廈門請弘一大師蒞青島湛山寺講律。因為悟性高、靈巧聰慧而成為弘一大師的侍者。當時弘一大師曾向他預言：「你60歲

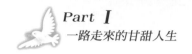

以後，將向世界弘揚佛法。」年紀輕輕的夢參師父聽完不解地問：「60歲？還好遠，為何要那麼晚？」後來他才明白。

原來在大陸文化大革命期間，所有出家人被迫還俗，夢參師父也不例外，然而他抵死不從，以致被關進大牢，一待就是33年。漫長的牢獄生涯並沒有消減他弘法的意志，反而讓他有機會在牢中專心教化許多獄友，不少獄卒也被感化呢！因此他69歲期滿出監後，即因緣際會由舊金山的宣化上人請到美加說法，開啟了為期十年在舊金山、紐約、溫哥華等地的弘法。

後來因為當地許多信眾來自台灣，便牽起了他來台灣弘法的因緣，懺雲老法師即為他的台灣道友。夢參老和尚與懺雲老法師的對談講座，是當時的盛事；夢參老和尚輕鬆幽默地漫談當年如何侍奉弘一大師，他說：弘一大師的身教、言教，以及心目中的佛法無非是「好好生活而已」。親切風趣的談吐與內容，示現了佛法的另一種生活法門，使他的講座叫好又叫座！

夢參師父經常受邀來台，尤其是冬天，他的家鄉五台山酷寒，他總是會來台灣「避寒」。我經由同修介紹，輾轉識得法師，相當欣賞他的生活佛法，只要他到台灣，我便會抽空去拜訪和請益。我還曾經邀請夢參老和尚兩度蒞臨台北榮總介壽堂，以「佛法生活化」為題弘法，當時上千個座位爆滿，盛況空前！

民國102年（2013年）適逢老和尚百歲誕辰，即將舉辦千僧法會，長老僧俗弟子得知台灣僧醫基金會正在進行巡迴健檢，希望醫療團隊也能前往五台山為五僧眾義診。夢參師父對我說：「妳在

榮總又是督導長，就由妳來負責。」老和尚既有此囑咐，我自是恭敬順從。在基金會執行長慧明法師和我的努力奔走下，我們邀集了學佛的醫師、醫檢師、藥劑師、護理人員、志工們等人，籌備了三、四個月，一行三十五人浩浩蕩蕩地前往五台山普壽寺。

那一趟上山的路，山路極為崎嶇、難行，要僧侶們下山求醫確實困難，也讓我們深刻體會到此行極具意義。而當我們到達目的地，又看見迎接我們的僧眾們熱切的眼神、熱情的招呼，心中的使命感澎湃不已。

這次義診，總共有近千位僧眾接受服務。我們的醫療團隊不僅抽血、檢查眼耳鼻舌、照超音波，還把X光車開上山，做影像檢查；此外，更與山東醫藥大學、中醫院的中醫師、推拿師、藥劑師、碩博士生聯手，結合中西醫智慧，共同為僧侶們的健康把關。另外，還從台灣帶上兩百多副老花眼鏡、痠痛貼布、護膝等物品與僧眾結緣。因為時間有限，醫護人員五點多就開始提供服務，最晚到夜間十點才結束。儘管大家身體疲累，能奉獻自己的專長，幫助近千位法師維護身體健康，每個人都覺得意義非凡。

為期四天的義診，前兩天是為尼眾檢查，後兩天是為比丘檢查。我記得，有位比丘尼，年紀不小，進來看診時彎著腰，直嚷著腰疼，只見一位中醫師簡單地消毒好針頭之後，便為老尼師針灸，果然之後老菩薩的腰就挺起來了！另一位老尼師，在第二天義診活動結束後才前來，醫師均已離開，當她得知隔天只為男眾檢查時，老人家竟傷心地哭了起來，口裡還喃喃地說：「我才聽人家說就立

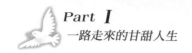
刻趕過來了，還是趕不及，我該怎麼辦？」眼看她愈哭愈傷心，現場的義工、護理人員也愛莫能助。剛好，濟南的女中醫師回來了，二話不說便坐下來仔細為她把脈，並細心解說。我們後來也拿了毛毯、貼布、護膝等結緣品供養她，最後老尼師破涕為笑，開心地離開。

即使兩岸的醫護人員與志工素昧平生、初次見面，卻都能互相幫忙、無私無我地密切合作，使義診圓滿完成，實在是功德無量！

這次五台山義診也獲得僧團們的好評與極大肯定，希望之後還有機會多多舉辦。所以，夢老的寺廟—真容寺蓋好之後，便每年都舉辦義診，讓鄰近大小寺廟的僧眾擁有更健康的機會。這對出家眾是很大的福音，因為，如果沒有健康的身體，怎能弘法呢？！

曉雲法師是終身的心靈導師

而影響我最深最遠的，則是民國67年認識的曉雲法師。曉雲法師對我而言亦師亦母，與我的情緣將近30年，極為深厚。

曉雲法師是廣東人，嶺南派高劍父的得意弟子，居住於香港。出家前，她喜歡穿旗袍、蹬高跟鞋，是一位很講究穿著與儀態的現代女性；47歲出家後，她依舊維持清爽的儀態，即使胭脂不施，眉宇間仍散發著自然光彩和高雅氣質。法師不僅在香港創校傳揚佛法，也為天主教修女們教授靜坐法門，讓修女們一起修煉身心靈，她的關懷無邊無界、無宗教之分。

　　後來，文化大學創辦人張其昀邀請她來台灣，應聘為文化大學藝術研究所教授。她得以來台，成為終生教授後，便從此在台度過後半生。無論在香港或台灣，曉雲法師每天都寫書練字，修習內外，每年所舉辦的「清涼藝展」，便是以藝術弘揚佛法，而為何取名「清涼」呢？她說，「清涼」才能除晦、滅煩惱，而且生智慧，這是多好的領會！

　　法師與我結緣，是我還在三軍總醫院任職的時候。有一陣子，我因為蜂窩性組織炎住院，由照顧者變成被照顧者，人緣不錯的我，每天都有許多學弟妹和朋友來探望。說來有趣，同病房的病友還以為我是什麼大人物呢！那時候，一位學弟送了我兩幅曉雲法師的字畫，畫風靈動寫意，字體俊秀有情，尤其畫上題字：「我佛終宵有淚痕」與「眾生有病，我有病」深深觸動我，或許身體在受苦時，心裡也特別敏感，這兩句話柔軟地打動我的心，也令我下定決定去認識曉雲法師。於是，也開啟了我與師父幾十年的情誼。

　　曉雲法師不僅是我和王師兄共結連理的貴人，也我人生中最重要的導師！我們的三個孩子都在滿月當天由師父舉行皈依，她們的名字更是法師所取的。師父說：女性以「月」來呈現陰柔特質，老大月瑩，表現月的圓滿；老二月輝，呈現月的光輝；到了老三，她取名月照，則代表月色普照、潤澤大地。孩子們小的時候，我們經常帶著去探望師父並禮佛，所以她們也與師父很親近。記得月瑩四歲的時候，雖然跟一般孩子一樣，有著跑跑跳跳的玩興，在師父的寮房（工作室）跑來跑去，但小月瑩推開紗門時，都會記得把門輕

輕帶上，師父留意到這一點之後，讚美她細心、體貼，果真從小與佛親近的孩子氣質不同！

法師一生致力推行佛法教育，提倡「覺之教育」，期盼眾人早日覺醒、開悟；民國80年初，她開始籌款辦校，不僅時常走訪政商、教育界大老，也籌辦書畫展，在海內外義賣字畫，法師更舉辦多場法會，希望順利籌措經費興學，讓佛法教育從下一代開始奠基。

「寧為女中大丈夫」成為座右銘

我和王師兄從單純的永明寺求道者、華梵護持委員，到參與華梵大學的籌備、建校、從理工大學擴大改制而增設人文學系……一一支持和參與。也因著近身修學，從法師的行儀風範上學習到許許多多。

有一次，某位前總統來拜訪，比約定的時間提早許多，而曉雲法師尚在梳洗、準備，以致未能即時來迎接。當她打理好、準時出來接待時，這位大人物意有所指、玩笑似地問：「師父住哪裡？」顯然很在意她未能及時出現，想讓她出糗，只見法師不慌不忙地說：「我就住在山門外（幾里讓你猜）。」巧妙而不冒犯地回答問題，足見法師的無畏與智慧，正如她以「寧為女中大丈夫，不為女中豪傑」的自我期許一般。她認為「豪傑」僅只是外顯的強勢，而「大丈夫」則展現內在氣度與格局，比起外在，她更重視內在的寬

厚與正氣凜然。這句話給了我很大的震撼和影響，成為了我的座右銘。

「病中自責」看曉雲法師自省自律

師父的嚴以律己，也是我一生的借鏡。記得87年板橋體育館的千人皈依法會，預計在下午兩點舉行，但不巧她當天早上腸胃不適，頻頻拉肚子。眼看時間一分一秒過去，卻沒有改善的跡象，雖然法會開始會由比丘先開始唱誦，她仍必須在三點前抵達會場。於是侍者焦急地打電話問我該怎麼辦？我一聽到情況，立刻安排好一張病床，等法師來北榮。那天，我們10點半終於等到法師前來，我緊急為她打點滴，補充電解質、營養素，為顧及到法師心臟有問題，點滴也刻意放慢，不能打得太快。而另外一方面，還準備米湯加鹽巴，一口一口地幫她餵食，其他人不知道能做什麼，則一旁念佛、祝禱。慢慢地，虛弱的法師恢復精神，大家稍感放心。在點滴於一點半打完後，大夥兒即迅速將她送往板橋的皈依法會，並由事先聯絡好的板橋護士委員接手照料。意志力強大的師父，一到會場，即有如神助般地精神奕奕，引領著皈依大眾跪拜、起身……行禮如儀，任何人都看不出她的不適。兩小時的皈依儀式圓滿落幕。

然而，師父事後相當自責，她覺得自己未能做好自我健康管理，差點讓這麼重要的時刻出狀況。她甚至為此自掌耳光，還寫了五絕十首的《病中自責》一文，要自己牢牢記著這個教訓，提醒自

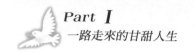
己弘法之前，必須要先注意保持良好的健康狀況。法師的《病中自責》讓我看到了做大事、自我反思的態度，也讓我之後遇到任何醫療糾紛時，一定先道歉、先釋出善意，待對方情緒緩解後，再處理事情。如此一來，經常會帶來圓滿平和的結果。

經過這次事件，曉雲法師更注重養生保健，也更倚重我的專業，只要身體不舒服便通知我。師父從來無需門診掛號，無需擔憂掛哪一科？因為我都會幫她搞定、提供建議，並立刻接她到所服務醫院讓主任級的醫師看診，看完病也負責送她回寺院，招呼得妥妥當當。若遇有健康上的疑難雜症，一通電話，我就會想辦法為她找出解答。為了替師父提供最好的醫療諮詢，我不時充電，學習更多醫學知識，所以對於哪些症狀可能是什麼問題？應該找哪科醫師？判斷得更為精準。

民國90年，法師也90歲了，邁入遲暮的身體漸漸凋萎，我幾乎每週都去探望她，有時一個人去，有時多帶幾個景仰她的朋友一塊兒過去。那一年，曉雲法師被診斷出患有膽囊結石，因為太疼痛，她決定承擔高齡手術的風險而開刀。開完刀，因法師的心臟不堪負荷而進入加護病房加強照護，而一入住就是一個多月，呼吸器始終戴著，情況未能好轉；那時她的五個弟子眼見師父狀況危急，紛紛慌了，有人還想找其他名不見經傳的師父來加持，我跟王師兄知道後甚為生氣，師父的道行高深，豈是一般師父能幫忙？！而且師父的安危以這種「亂槍打鳥」的方式來解決，也太不得體了！我實在看不下去，大聲告訴他們：「不要亂出主意，不能再找了，曉

雲法師的功力深厚，一定能安然度過難關！」師兄們最後決定由我全權處理。

當時的我一方面相信法師必能轉危為安，一方面詢問加護病房的醫師可否有其他的醫療方式？當醫師提到呼吸治療，並提到必須開類固醇時，我猶豫了，因為用多了類固醇，免疫力容易下降，老人家身體的抵抗力本來就不強，怎堪如此用藥？對此，我反覆思量、難以抉擇。那一夜，我向著觀世音菩薩像跪拜，虔心祈求指引，心中隱隱獲得菩薩指引：轉呼吸治療中心。第二天，我立刻找呼吸科的王主任討論，了解可行性與需要注意之處，還好，師父的狀況不必用到類固醇就能解決。而果真，轉去呼吸中心之後，師父的病情便逐漸好轉，呼吸器也終於拿掉，休養一個月就出院了。

有鑑於開刀傷身、傷元氣，尤其是近百歲的長者，所以我每週都會去報到，以護理的角度為她指壓、按摩，希望能恢復她身體的情況。每回我去寺院，曉雲法師的弟子們都鬆了一口氣，因為他們知道我會用最高規格照料師父，並留意到比較容易疏忽的健康問題。後來，師父貧血，去醫院輸血，卻因對輸血有反應，引發一連串問題。此時93歲的師父意識到：「時候到了。」告訴我們：「要回去，不治療了。」於是師父回到華梵大學，也在幾天後安詳圓寂。那時，我如侍奉至親般為師父守靈，深深思念她。雖然這一世宗師與我的情緣暫時劃下休止符，但師父留給我的影響卻是深遠綿長，且永遠鏤刻在我的心底。

有人問：妳跟隨這麼多法師，這是否跟「一門深入，長時薰

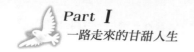
修」背道而馳呢？事實上對我來說，「佛」是主軸，是主修，這些
法師就如同大學的輔修、旁修一般，只要與我契合，而且能輔助主
軸、啟發智慧，給我更多佛學知識，我都樂於親近與學習，我佩服
的是「法」而非人；如同我追隨最久的曉雲法師所說：「即使師父
入滅後，依然要依法」，「佛法」是我一生不變的追求。

4

集結眾力，弘揚佛法

民國75年，我去美國研習的三個月裡，看到許多醫院都設有祈禱室，讓不安的人們因為信仰而得到力量，當時我就心想：「榮總也有佛堂，該有多好？」然而，榮總與蔣宋美齡女士關係深厚，她信仰基督教，將佛堂設立在此的機會不大。「那就先成立佛學社吧！」於是民國77年，我和幾位志同道合、同樣學佛的醫護人員成立了佛學社。一開始大約20幾個人，大家不分道場，統統集結起來，一起推廣佛法，一起為佛法做些事。每年的六大法會，我們都會開會討論邀請哪位師父前來？像是清明法會、地藏法會，我們邀請的是佛光山的師父；釋迦牟尼佛聖誕日（浴佛節）以及彌陀法會，邀請的是曉雲法師；觀世音菩薩成道日與藥師法會，則邀請中台禪寺的師父。因此每兩三個月都有法師來主持法會與演講，曉雲法師、星雲法師、夢參老和尚都是我們的座上賓。

初期，法會是於榮總13樓、可容納一百多人的開放中庭舉行；隨著參加的人愈來愈多，我們開始移往可容納更多人的介壽堂（容納一千多人）；甚至與蓮花基金會共同在國際會議廳（容納四千

人）舉行盛大的佛法講座，佛教也漸漸在榮總生根發芽。

♥ 讓榮總成為首間有佛堂的教學醫院

延續這活絡的氛圍，加上前院長鄒濟勳院長的兒子學佛，鄭副院長的母親也是虔誠佛教徒，我們想：是時候申請佛堂的設立了！果然申請過程非常順利，民國79年，榮總成為台灣第一家設立佛堂的大型醫院！

也正是因為「第一家」，我們也擁有許多法師的祝福與加持。像曉雲法師，當一知道榮總在籌辦佛堂，即為我們恭請一尊釋迦牟尼佛像；懺雲老法師也供請觀世音菩薩、阿彌陀佛立像，及木魚、引磬等佛具給我們；淨空法師則禮請大藏經；我的書法老師吳大仁老師特別寫了大幅的心經抄文，讓我們懸掛於佛堂入口處，令人們一進入便能將心沉靜。記得，開幕那天，不僅台大副院長陳榮基蒞臨，連聖嚴法師都來參加，相當殊勝！

有了佛堂之後，更多病人以及家屬獲得心靈依歸，不僅照顧了心情，常常身體也彷彿獲得力量，恢復的狀況更好。

學佛不光是念經、拜佛而已，無論是刻意或是隨心，在生活或生命裡的關鍵時刻用上，才是真正修道。

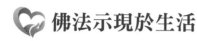 **佛法示現於生活**

記得，我在榮總升上護理長之後，也是我最忙碌的時刻。因為工作的責任和壓力立刻增加，而且一回到家裡，上有中風的公婆要侍奉，下有三個年幼的孩子需照料。每天下班後趕回去做飯變成了苦差事，對此我難免心生怨懟；然而，不知從何時開始，我會在切菜時念誦心經，一遍又一遍，如此一來，負面的想法自然隨之消失，不僅身心舒緩許多，做出來的菜也似乎更好吃呢！

另外，還有一位王師兄的親人，是個問題不斷的麻煩人物，對我跟王師兄而言，我們做多、做少都不是，既不能干涉太多，也不能置之不理，他就像是顆「未爆彈」，常常會丟棘手的問題過來，所以只要沒發生事情，就是好事。當然我的一顆心會不時被他牽動，有時被氣到一把火上來，卻又因為不能讓王師兄為難，而不得不壓抑下去，那種氣憤難平、無從宣洩的感覺實在不好受。一次，聽到香港的超塵老和尚說：「前生做者是，今生受者是。」頓時便有所領悟：若此生就是要還他債，那就接受這一切，並常常迴向給他吧！此後，只要一遇到他無理取鬧，在火氣還未上來之前，我便默念著「觀世音菩薩」聖號迴向給他，久而久之，那種緊繃感漸漸緩和，我不生悶氣了，而且我們彼此能以禮相待，他便不再是我的困擾了。

除了自己在醫院、在家裡實踐所學的佛法以外，在醫院，若看到束手無策的病人或家屬，如果他們沒有特別的宗教信仰，我便

會請他們念「觀世音菩薩」，因為觀世音菩薩「尋聲救苦，有求必應」、「千處祈求千處應」，這樣的建議確實常帶來即時的安心和慰藉呢！佛的慈悲、佛法應證的美好，也讓我融入工作中，希望「自己好，別人也好」而處處結善緣，有時還因此化解緊張與衝突呢！

有一次，一位往生病人的家屬，因為醫院行政作業疏失，造成他的不便，氣急敗壞地跑來護理部，嚷著要找護理部主任，並說要告醫院；那時主任不在，而身為督導長的我剛好來護理部。大致了解原委後，我請家屬來我的辦公室喝茶，向他致歉說：「是我們的行政疏忽，很抱歉！」表示他剛剛才痛失親人，還要承受行政作業疏失造成的委屈，實在感到非常抱歉。再聽他說自己是佛教徒，便為他說明「往生須知」中的要點之一便是「助念」，「如果心中有怨氣，會令亡者牽掛，無法順利前往好的地方。」「得理比較重要？還是爸爸到極樂世界比較重要？」我勸他務必趕快轉念，將注意力放在助念上。看他態度漸漸軟化，頻頻啜泣，我知道他懂得這時要幫父親做什麼了，便拿出兩台念佛機與他結緣，說：「好好祝福爸爸，送他最後一程吧！」就這樣，平定了家屬的心，也化解可能發生的紛爭。

佛的慈悲不僅安撫人心，還多次示現奇蹟。民國88年，有位病人因腦膜炎入院，一入院後便呈現昏迷狀態，醫生試過所有可能的醫療方式，都不奏效、不見起色，全家人陷入愁雲慘霧之中。

那時我是護理長，每天巡房、叮嚀細節，由於昏迷者很容易不

小心嗆到，我也不時叮囑要注意灌食技巧，進食後也要確實拍打。偶爾，我會跟守在病床邊的病患妻子談談心，紓解她的擔憂與恐懼。後來，了解到他全家人都是虔誠的佛教徒後，我建議他太太到九華山祈請「大悲水」。那時，他太太的眼中出現一絲希望，當場決定姑且一試，並立即動身前往苗栗銅鑼九華山。於是她三步一拜地誠心請來了大悲水，於灌食中加大悲水，並誦念「大慈大悲觀世音菩薩」，大約一個月後，病人果真醒過來了！我和病人家屬一樣感動莫名，也再次體會到佛的偉大與法力無邊！

第七章

第三人生，
投入營養醫學

「成為妳想成為的人。」是先生臨終前一週對我們說的
話。我想貢獻所能，使每個相遇因我變得更好；安麗，
實現了我的心願！

1

直銷初體驗不佳，避而遠之

我是如何認識安麗呢？這與同樣習佛的李師兄有關。李師兄是馬來西亞華僑，在吉隆坡做房地產，是一位精明的生意人，事業經營得有聲有色；然而，那時的馬來西亞排華風氣盛，他不想繼續待在這不友善的環境，打算移居到美國。就在準備移民的過程裡，他聽到台灣盛行佛法，各宗各派、百花齊放，於是熱愛佛法的他和太太就想先來台灣看看，沒想到這麼一看便留下來了。在台灣，他輾轉認識一位翁姓師姊，而翁師姊認識華梵的師姊，所以就將夫妻倆引介給曉雲法師，那年是民國76年。

那時我家的王大哥，正好在幫曉雲法師籌辦華梵大學，要經常去石碇校址，聽說這位也常去的李師兄就住在我們家附近，兩人便認識了，而且之後他還讓王大哥搭他的便車一起去華梵，譜出一段「溫馨接送情」的佳話。大上一輪的他，更把王大哥視為小老弟般照顧，有什麼好訊息都會分享。

一次返回馬來西亞的途中，李師兄參加了安麗事業說明會，本來就對趨勢有著敏銳嗅覺的他，一聽便睜大眼睛，覺得是很非常棒

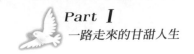

的事業機會，不僅當場加入，回台灣後也立刻邀請我家王大哥一起來認識。

　　只不過，一輩子念書的王大哥，對直銷的經營模式興趣缺缺，尤其是曾接觸過某家直銷公司的代餐和保健食品，代餐才吃過一兩次，身體便不舒服，會反胃，可能是非天然加工品所造成；而維生素C又太大，難以吞嚥，所以我們只吃了不到1/3便丟棄，也不願再嘗試。這次的經驗讓我和王大哥都覺得「直銷產品」有時為滿足層層的獎金結構，很可能會犧牲品質來完成。帶著這樣的印象，縱使李師兄陸續再提過幾次安麗事業，我們也敬謝不敏。

　　三年後的某天，我接到一通電話：「我們要上台北，能不能借住一夜？」原來已經搬遷到南投、好久不見的李師兄要來台北上課，我們當然義不容辭，接待夫妻倆來過夜。

💗 從一瓶洗碗精開始，對安麗有信心

　　那天晚上，我跟李太太有說有笑，照例一塊兒備料、烹煮，一塊兒收拾與清洗碗盤，李師兄不經意地從袋子拿出一瓶安麗洗碗精，要讓我試試看，我立刻打開用了起來，一打開，就有淡淡的柑橘清香，聞起來很舒服，才擠出一點點，就能洗清所有的碗盤，而且很容易沖乾淨，我覺得很驚喜！特別的是，洗完之後的雙手還滑滑的，李太太說因為裡面添加了蘆薈精華，原來如此～而最神奇的還在後面！本來我們家廚房流理臺的水管常常被油垢阻塞，一年到

頭都不太通暢，每隔一陣子就必須用「通樂」來疏通一下，豈知這次洗碗之後不到四小時，水管竟傳來「咕嚕、咕嚕」的聲音，隔天早上發現：「水管居然全通了！」原來這小小一瓶洗碗精，竟然還能清油垢！這讓我們對安麗產品刮目相看！

喜歡追根究柢的我，便請教李師兄這洗碗精為何這麼厲害？安麗的產品究竟有什麼特色？李師兄大略說明了一些之後，笑笑說：「看你這麼想了解，乾脆跟我們一起去聽課！」於是，我便參加了第一次安麗的健康講座。

那場談的是「維生素Ａ對身體的幫助」，我一面筆記著自己不熟悉的營養知識，一面心想：「如果把這些知識都學起來，一定可以為我的病人提供更有用的建議。」課程結束後，我聽說那位在台上把營養知識講得頭頭是道、自信聰慧、一副專家模樣的講師，竟然原本是一名家庭主婦！實在是非常驚訝，即使沒有任何醫學、營養背景，都能自學成師！未曾在產業界翻滾、歷練過，也能「從流理台走向國際舞台」，在這裡成就自己的一片天空！

「沒有背景的人都可以做到，何況我有相關醫療背景，是不是更能銜接？」此時的安麗對我來說，已跳脫日常用品、跳脫直銷，它根本就是讓我蛻變為升級版、開創人生新里程的機會！

上過幾堂課之後我看到更多「從流理台走向世界舞台」的夥伴，除了制度吸引人之外，安麗還有一套完善的育才課程，譬如營養知識、產品知識、創業心法，甚至因應網路時代而提供許多網路課程。安麗向我展現不同於醫護領域的繽紛世界，這個世界更大、

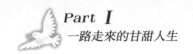
更多元，包羅萬象，也給我更多幫助別人的機會！我在一面使用好產品、分享好產品之餘，還能使朋友活得更健康，並提供他們一份屬於自己的事業，何樂而不為？

加入安麗，營造更美好的世界

✿ ✿ ✿

我把這樣的發現跟家裡的王大哥分享，他好奇地一起來聽課，後來也認同了我的想法，就這樣，我們加入了安麗事業。喜歡與人接觸的我負責第一線，直接跟客戶面對面，他則扮演最佳後衛跟補給，負責接送我參加課程、聚會。即使王大哥不常參與小組分享和討論，但對於安麗創始人的初衷和理念他比我還熟，因為在接送我的途中，他總是重複播放兩位安麗創辦人的演講帶，一遍又一遍，聽得滾瓜爛熟，有任何發現或新感想，便興沖沖地和我分享。創辦人以助人濟世的想法發展了安麗這份全球志業，令我們相當佩服與尊敬，也決心隨著他們的理念「Helping people live better life」，一起為世界更健康、更美好而努力！

♥ 親身經驗，才能好好分享

剛加入安麗時，因為我還在榮總上班，時間並不多，只有利用下班之餘去上課，聽制度、熟悉商品、認識更多營養知識，並沒有

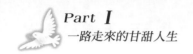
花太多時間思考如何經營，不過安麗的商品我倒是一項一項確實吃過、用過，一定要自己覺得好用、有效，才能分享給別人，這是我的原則，也是經營這份事業最基本的條件。

先體驗什麼商品呢？是的，就是保健食品！

在醫院服務數十載歲月，我看過許多因疾病而陷入愁雲慘霧的病人和家屬，聽過太多「如果我不要……就好。」「也許早一點……就不會這樣。」「要不是……」諸如此類惋惜的聲音，所以「預防勝於治療」不是一句口號，而是時時刻刻深烙於我心裡的警示。安麗上的第一場營養講座，便帶我進入五花八門的營養學世界，也讓我見識到營養素如何在人體發揮作用、改善健康，這不是「預防醫學」很重要的一環嗎？

何況，安麗為了開發自然、純淨的保健食品，特別在三個國家蓋了四座有機認證農場，確保所有保健食品的原料全取自於天然、無污染的植物，品質如此講究的保健食品，當然要先試試看！於是我開始一一體驗安麗的「保健食品」。

吃過一輪下來，最有感的是維生素C，因為只要是一有感冒症狀，多加補充維生素C，症狀就能明顯改善，甚至消失，維生素C是我個人常備，也是最常分享給朋友的保健食品。鈣鎂D對上了年紀後，體內的鈣鎂容易流失也有很大的幫助；有位朋友在一次聚會上告訴我，她晚上經常睡到一半，小腿便突然抽筋、劇痛不已，我立刻打開包包，把手邊有的幾顆鈣鎂D統統送給她吃，果然順利地改善這個症狀，我不但幫忙了朋友，也對安麗保健食品更有信心

了！

　　還在榮總照顧愛滋病人的時候，曾經遇上一位病人因為抗生素的副作用，一直持續拉肚子，最嚴重時一天拉到31次！所以才短短幾天便暴瘦20多公斤，實在令人擔憂！再這樣下去，身體會慢慢「彈盡援絕」，哪裡能跟來勢洶洶的病毒作戰呢？

　　某天早上我查房到他的床邊，他要我救救他，我才發現，原來他嫌醫院伙食不好吃，每天早上自己買速食、喝可樂，以至於一直腹瀉，造成嚴重掉髮，且血跡斑斑，我一聽立刻請他訂回醫院的早餐，並建議他補充營養素。於是，他除了遵照醫囑，還額外補充蛋白素、益生菌與消化酵素，情況果然開始好轉。然而，這位年輕人仍不忌口，仍偷偷吃高油高脂的速食。一開始，我好言相勸：「腹瀉時，腸道受損了，必須先吃清淡好消化的稀飯，那些油膩的食物，暫時不吃比較好。」無論如何腸胃恢復了，才能好好吸收營養，改善健康。病人卻不予理會，後來，我警告說：「你再不改變飲食，就不要命了！」他才知道嚴重性，乖乖配合，終於止住了腹瀉，而身上的體重，也才一點一點地回來。

　　除了吃的保健食品，安麗鍋具也是「用過都說好」的「煮婦秘技」！安麗的鍋具採用醫療級鋼材、多層次結構，所以導熱快、受熱均勻，能幫我們省時、省瓦斯；鍋子底部還有特別的安全設計，如果忘了關火，當底部偵測到異常的熱度，就會將鍋蓋鎖住，不讓裡面的水溢出、熄滅瓦斯，讓有時迷糊的我，真的很放心！而它獨特的蒸氣鎖設計，可以讓煮菜更簡單、更有效率，只要蓋上鍋蓋，

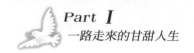
使食材中本來就蘊含的水分參與烹煮，這樣不僅食物風味更濃，營養全鎖在裡面，油煙更是減少了許多，做出來的菜既好吃又健康！平時一個人吃飯的時候，就可以把鮭魚、花椰菜、豆腐通通放進平底鍋，倒一點油，蓋上透明玻璃蓋，用小火慢慢烹煮兩分鐘，翻個面再煮兩分鐘，美食就上桌了！這不是很簡單、很輕鬆嗎？

「空氣清淨機」也是安麗的王牌，在COVID-19疫情期間發揮了高品質、高效率的保護力！

孩子們還小的時候，我們家曾經因為老二過敏，買過一台當時家用等級最高、堪稱濾心過濾率最高的H牌空氣清淨器，然而，買回家之後發現，運轉的聲音好大，而且濾網只有一小片，叫人有點失望。後來因為聲音太大、影響睡眠，便很少使用，半年後我們就送給別人了。

安麗的空氣清淨機就很不一樣，不但聲音小，醫療級HEPA濾心的等級也更高，過濾率高達0.0024微米（一般只有0.3），可以輕輕鬆鬆過濾pm2.5，甚至目前的第三代還能過濾COVID-19病毒呢！我通常都是回家前十分鐘，用手機APP啟動家裡的清淨器，如此，一回家便能嗅到清新的空氣，覺得放心！我也為每個孩子都各準備一台，讓她們保護好自己的家人，我覺得這是疫情期間送給家人最安心的保護！

❤ 人才交流、講師共享

在直銷業，我覺得除了商品好、制度佳是重點以外，講師的素質也決定了體系規模，為了讓體系做大，必須找到優秀的講師。安麗的講師不只對同體系的夥伴授課，也歡迎旁友線一同參加，這種人才交流與資源共享，是在其他直銷公司很難看到的，這樣的文化也是我覺得安麗難能可貴之處。

在我所接觸的講師中，跟某幾位特別投緣，像是寰宇體系的宏志老師。

宏志老師是一位身心療癒師，他也通曉佛法，並對揭露「成功學」的教練課程、發展「內在力量」的賽斯都多有涉獵。看似溫文儒雅的他，總能一語中的，道出經營上的關鍵點，或發展出有效的經營模式，令我很佩服！

宏志老師著眼於每個人都重視的健康觀念，透過本身的影響力來分享和推薦給朋友「吃對早餐的理念」，並做好對朋友和使用者的照顧和關心；漸漸累積出願意長期改善身體健康的顧客們後，再從中發掘3到5位積極的朋友，邀請並協助他們一起發展這份健康的事業，真正落實「成為一個手心向下的人」，去付出、去幫助他人成功！

而我們要做的事很簡單，只要「邀請朋友來吃早餐，並協助他成功。」如此逐漸建構起自己的組織體系，進而讓自己和朋友都能藉此事業機會，達到健康人生、財富自由的生活！在他的引導下，

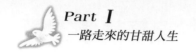

已有許許多多人親證這一切都不是天方夜譚,是可以一步步達成的目標!如此一來,與理念相同的人一起種下健康的種子,想想三年、五年後,將會長成怎樣的一片森林呢?我相當贊同宏志老師的早餐計畫,自助又助人!

全職經營，最大收穫是「助人」

❋　❋　❋

　　一年後，我退休了，開始正式以「利他」的態度認真做分享。剛開始是分享給身邊的親朋好友，慢慢地也有機會開發陌生客。像是跟朋友在咖啡廳聊天時，如果談到長輩愈變愈瘦、容易跌倒……我通常會建議他們幫長輩準備好吸收的高蛋白粉，讓流失的肌肉再長回來，有足夠的肌肉量，自然行走站立可以更穩穩當當。好幾次，鄰桌的客人會湊上來說：「我也有家人這樣耶。」問道：「這是什麼呢？」我便清楚地說明產品特色，如果對方有興趣，便立刻互加 line 好友，協助陌生客成為愛用者，甚至加入經營。

　　這幾年的經營，我覺得最大的收穫不在收入、聘級或各種獎勵，而是我擁有更多好朋友，這些朋友在他們最需要的時候，第一時間便想到我，而我也確確實實發揮營養所學、醫療資源幫到他們。從一聲聲真誠的「感謝」聲中，我感受到滿滿的愛，也知道我才是獲益最多的那個人。

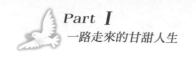

醫護專業，是助人最佳利器

　　一天，一個朋友約了我喝咖啡，一到那兒，看到他帶了另一位朋友來。那位朋友臉部不太平衡，而且說話有點大舌頭，以我「手面診」的臨床經驗，我說：「妳這樣，可能是腦下垂體長腫瘤喔～要趕快找醫生看看！」她聽了一驚，連忙說：「妳是第二個跟我這樣說的人。」原來最近一年來，她因為牙齦腫大、舌頭變粗，甚至牙床異位，不斷看牙醫，奇怪的還不只這些，鼻子、手、腳、骨架都愈變愈大，不但頻頻換鞋、臉部呈現不平衡現象，手指頭也一根根粗壯得像甜不辣一樣，連關節都看不出來。我立即介紹她熟識的神經外科醫師就醫，果然被證實是腦下垂體腫瘤，要立即開刀。腦下垂體只有小小的一公分，如果大於一公分，就可能有病變，這內分泌系統的中樞，能產生全身重要激素，掌管甲狀腺、腎上腺素、泌乳激素等等，一旦失調，下視丘、乳腺、卵巢、胰臟……都可能出問題！還好開刀後，知道她的腫瘤不大，而且是良性，三天後，她就出院了，而一年後，身體也都慢慢恢復正常！

　　還有一位高雄的安麗夥伴，在我某次南下時，特別來找我，說她的一位朋友因為這些年的視野愈來愈窄，窄到開車看不到四周，才去看醫生，被確診為腦下垂體出問題，醫師要為她儘速安排開刀，但她不敢開刀。詢問其他人、包括一位佛學老師的意見，那位老師說：「你的貴人在北部，要開刀的話也不要在南部。」才剛問完老師，她就聽說「一位台北榮總的前督導長來高雄。」她覺得這

不是上天的安排那是什麼？我們碰面後，我主動跟她說：「妳必須立刻開刀，請來台北找我。」接著我立即安排她去北榮。兩個月後便開刀，手術過程十分順利，同樣三天就可以出院；出院那天，她緊緊握著我的手，感謝我讓她重新看到寬廣的世界！

2021年，某天晚上11點25分，一位新竹的友人焦急地打電話給我，說女兒腹痛不已，被送到附近醫院，醫生照過電腦斷層掃描後，發現直腸部位有一片黑影，判斷要立即住院、安排開刀，並會做人工肛門。「人工肛門？我女兒才20幾歲，年紀輕輕的，怎麼能接受這樣的事情！……幫我看看有沒有其他辦法？」面對心急如焚的母親緊急來電求救，我知道此事刻不容緩，必須尋求「第二意見」，便請她帶女兒直接來北榮，這裡有我信得過的醫師。掛了電話後，已經是晚間11點半了。我一面與榮總直腸外科主任聯絡，請他第二天幫忙看診，一面也請熟識的北榮急診室醫護人員準備安頓事宜。深夜12點左右，母女倆人順利抵達榮總；兩點鐘，急診室醫護人員做好必要的檢查和處理；四點鐘，直腸外科主任趕來看檢查報告，發現並沒有大礙，要女孩先休息，我建議她：「吃益生菌看看。」果然，吃完益生菌不久便排氣了，一排氣，腹疼就減輕許多！原來女孩經常熬夜，有習慣性的便秘。前一家醫院居然未先做了解，便貿然做出如此無知、粗魯的診斷，實在令人匪夷所思！開刀並不是萬靈丹啊！但從另一個角度看，因為我的經驗和判斷能避免女孩一生的遺憾，不僅解決病人的問題，更消除家屬的焦慮，真是很令人開心；我也知道自己最擅長的角色為何，以及如何借力使

力助人。當然,這對母女現在也成了我最佳的支援夥伴,只要在新竹的朋友有任何問題需要服務,他們都會盡快過去,代替我先做處理。

還有一位扶輪社社長的夫人,某次隨丈夫出國開會,不料在西班牙感冒,當時因人生地不熟,她想撐一下回台灣再治療,所以沒有及早診治,沒想到愈拖愈嚴重,兩週後才回到台灣,她透過同團社友,也就是我大嫂的姊姊介紹,一下飛機便立即被送到榮總急診室。急診醫師診斷為急性腎衰竭,因為我也負責腎臟內科,於是變成了我的病人。由於她腎臟功能喪失,為了把體內的氨洗掉、避免過多血氨所形成的毒性影響健康,尤其是影響腦神經功能,社長夫人必須接連洗腎。我看她洗了三次,身體很虛弱,勸她要多吃點東西,這樣才能把洗去的營養素補充回來,特別是病人最需要的蛋白質必須足夠;可是她一點胃口都沒有,所以我建議她喝好消化吸收的蛋白素,果真她慢慢恢復了體力,加上醫師調整了更適合的處方箋,腎臟功能也漸漸恢復,她便不必再繼續洗腎了!後來她轉入單人病房,想好好養病,因為是我的VIP,我當然跟著她一起移床,只是一進到病房,便發現全是油漆味,非常刺鼻,原來病房才剛剛裝修完工,雖然亮麗潔淨,但這化學氣味對正在康復的病人來說相當不利。於是那天我回家,立刻把家裡的空氣清淨器搬過來讓她使用,這個舉動,讓社長夫人相當感動。我們不但成了好朋友,她更在一一體驗過安麗產品後,成了死忠的愛用者呢!

更有一位96歲的阿公,從鬼門關前被我救出來了呢!

　　阿公的小兒子是我的安麗上線老師，對爸爸很孝順。雖然他離開埔里老家，在台北打拼，但很關心年邁老父的生活起居，特別在雙親的臥房裝了一台攝影機，以便隨時了解他們的情況；一天，他發現爸爸在該起床的時間未起床，而且一直沒起身，幾乎一整天都躺在床上，正好，那天媽媽有事出門了，無法得知究竟發生了什麼。他很緊張，立刻打電話給住在附近的姊姊，請她回家看看。果然，姊姊發現爸爸不對勁，整個人陷入意識模糊的狀態，緊急送醫後，測出肝指數飆升到1000（正常為40），原來是猛爆性肝炎！第二天情況更不妙，指數飆到6000，已經陷入肝昏迷情況。眼看狀況危急，哥哥們聚集討論，但結果竟然是：「爸爸年紀都這麼大了，如果沒辦法，就讓他走吧。」一副還沒上戰場就投降的模樣，連媽媽也無奈地說：「你爸這個樣子，就算這次救回來了，要怎麼照顧？」甚至禮儀師都準備請過去，開始討論後事……

　　遠在高雄、正開完會要趕赴回去的上線，心急如焚地問我：「難道只有放棄這條路？還有什麼其他辦法嗎？」我聽了一聽症狀，便以過去的經驗告訴他：「這時一定要插鼻胃管才能救他！」因為當身體已無法自主飲食時，鼻胃管就成了維持身體基本需求的「生命線」，此時若不趕快灌入營養液，狀況會更危險！我特別強調：「一定要！一定要！」對於他那些六神無主而消極的家人們，我內在的俠女魂忍不住跳出來仗義直言：「我們又不是閻羅王，怎可以幫人決定生死？」「您去跟家人說：先救回來再說！能救不是更好嗎？」電話另一邊的家人聽到小兒子說得如此堅定，也恢復了

些信心，請院方插上鼻胃管，為灌食做好準備。另一頭的我，剛好問到信得過的中醫偏方，請他們以二砂糖加一定比例飲用水灌食，讓高濃度的糖快速補充病人熱量。病人果真醒了過來！家人覺得太不可思議了！後來，上線再幫爸爸補充大量的營養素，沒多久肝指數就明顯降下，第二天指數就正常了！家人們見識到生命的韌性，也對安麗營養素的效果感到不可置信。那幾天透過電話參與整個過程，得知最後圓滿結局的我，非常慶幸、非常欣慰！能以經驗把人從鬼門關前救回來，那種快樂實在難以形容！

藉由與安麗的緣分，十年來我在營養學下了許多功夫學習，也發現營養與醫療是如何密不可分，更能順利地將兩者相結合，非常感謝引領我進入營養學之門的維德及 Ruby 老師！現在，遇有周遭朋友身體出狀況，我除了先以過去的專業推測「這可能是什麼問題？」，並給朋友後續相關的醫療資訊，等問題確認之後，再建議適當的營養補充品，幫助他們恢復健康，所以即使離開醫院多年，我仍能繼續幫身邊的朋友，甚至提供更為全面的建議。營養學知識更讓我從醫療領域轉向預防醫學領域，提前照護健康，讓尚未到疾病程度的小毛病，藉由適合營養素的補充而改善，進而減少疾病發生的可能。

如果沒有過去紮實的歷練，我不會有這樣的信心和能力；如果不是生命本身充滿各種可能性，奇蹟不會讓我一次又一次幸運遇到！我滿心感激，感謝自己、也感謝老天的安排！

寰宇團隊核心──王儷凱皇冠大使

❋　❋　❋

　　我隸屬於寰宇團隊，王儷凱皇冠大使是整個團隊的總舵手。這位年營業額360億的安麗傳奇，憑靠著自己踏實的態度與積極正面的成功心法，一次又一次達成目標，在誠信、尊重、合作、務實四大基石中，她率領寰宇團隊開創出愈來愈壯大的跨界跨國格局！

❤ 三項特質，令人佩服

　　我最佩服她之處有三點：第一，她擁有非常正面、強大的心智，且身體力行，也會以許多譬喻與故事激勵大家。例如，她說：「花開不是為了花落，而是為了燦爛；生命不是為了結束，而是為了精彩。」鼓勵我們無論如何要活出自己的精彩；「窮人改變是為了生活，富人改變是為了命運，要變成富人，必先改變思維，成為富人就能改變命運！」這句話常讓原本安於現狀的人，改變想法，願意給自己一次改造命運的機會。

　　第二點，為了穩立於預防醫學尖峰，儷凱皇冠大使隨時與時俱

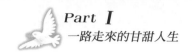

進，帶大家學習最新資訊和科技，擴大我們的視野和格局，像最近最新的 AI 技術 ChatGPT，她也儘速安排課程讓我們了解和掌握。她常說，對自己不懂的事要學習，也要刻意練習，才能養成習慣，開創出更大的格局。每週在北中南各中心舉辦的商業午餐聚會，會邀請各行各業的創業主來分享他們的創業理念與經營心得，讓我們從中了解不同行業的酸甜苦辣，這些不僅更開闊了眼界，更可作為自己經營安麗事業的參考與養分！

「創玩家」是儷凱皇冠大使的理念，她相信所有創業夥伴只要用玩心來運作，就能有最大的動力與持久力，「動力」、「持久」是成功者的兩大特質，再加上第三項條件「方法」，便能所向披靡了！「Under 40」線上講座便是方法！每週六上午九點會由寰宇講師輪番教授各項成功心法，以及創業實用系列課程，積極培養年輕人成為創業家，透過這些課程，許多原本對未來感到茫然的年輕朋友，慢慢能去除內心的恐懼，不僅變得積極，而且方向明確，穩健踏實地開創一片自己的天空。時有父母親語帶感謝地說：「安麗事業救了我的孩子！」

第三點佩服她的地方是，她成立「寰宇公益協會」，取之於社會、用之於社會，積極以實際行動支持弱勢，回饋社會。台東豐田少棒兒童之家便是第一個贊助單位，那時寰宇各會場輪流贊助少棒小將們營養早餐，2017 年不負眾望的小將們代表台灣順利取得世界少棒賽的亞軍殊榮！此後公益協會還與安麗希望工場慈善基金會聯手，關懷育幼院、贊助音樂會、文化活動，並舉辦公益園遊會，

讓良善的種子散播到各個領域、各個角落，「如果我們的一個小小善念，便能帶給別人一輩子的幸福與改變，何樂而不為？」這種「送人玫瑰，手留餘香」的胸懷，使我非常感動，這不正是我一直追求與踐行的初衷嗎？

我的年紀比儷凱皇冠大使大 10 歲，學的又是醫護，她常說：「妳是寰宇的醫療顧問，可以幫助更多的人不生病！」、「蘇督導真的是寶，問什麼都會給出滿意的答覆。」在菁英會上，她也會公開分享哪些人因為我而獲得醫療幫助、恢復健康。這些讚賞，使我更清楚上天所賦予我的使命，安麗事業讓我的服務空間更寬廣、開闊，能照顧到更多更多需要的人！

第八章

追求身心合一，
靜坐使我安穩愉悅

常常覺得有兩個「我」，一個想要更多、做到更好；另一個提醒我傾聽內在的聲音、無須強求，期待她們慢慢和解、融而為一。

阿南達瑜伽讓我身心和諧、情緒平穩

✽　✽　✽

　　我想，每個人都有身心整合的需求，即使機緣不盡相同。我的機緣，是阿南達瑜伽。

　　那是民國63年，還在三軍健康檢查醫院服務的我，正深受體重過重的困擾，急於找方法減重，試過各種方法，可惜那些方法不是效果不彰，就是無法持久，最後我終於在學習阿南達瑜伽之後，體重穩定地下降，整個人也覺得舒服、自然、毫不勉強。

　　阿南達瑜伽的練習，除了20分鐘的體位法，還有以雙盤打坐半小時。打坐的時候先要以雙腿盤坐好，舌頭頂著上顎，然後閉上眼睛，心中默念著mantra（真言、神咒，印度教或大乘佛教的祈禱文）打坐約半小時。每次完成一套早課或晚課，都覺得神清氣爽，而且確實達到我需要的體重控制；再加上那時每次去瑜伽中心，常會看到一位65歲，卻精神奕奕，臉上充滿光彩的女士，她那頭烏溜溜、毫無斑白的秀髮最叫我艷羨，我總以為這就是長期練習阿南達瑜伽的結果，所以非常認真練習，早晚都不錯過；而聽說吃素能讓身體呈現弱鹼性體質，使得打坐效果更好，我也跟著進行長齋（長

達三年），甚至還跟瑜伽班的朋友合資開了一間「瑜伽素食樂園」自助餐呢！

　　練習阿南達瑜伽的那幾年，我體會到自己的情緒確實比較穩定，思緒也很清晰，不會因為外在變化而起起伏伏。最明顯的例子是，當時正屆適婚年齡，同學、同事們一個個結婚、發紅帖，爸爸也密集地為我安排相親對象，一個接著一個，共有23位之多，然而我卻一點也不著急，清楚自己適合什麼，與其找到金龜婿、靠夫婿一輩子，不如多充實內在和專業，讓自己成為一個可靠的人。我想著：即使要找對象，也一定要找能讓彼此都變得更好的人。如此清醒而淡定地看待姻緣，命運之神果然牽引王大哥成為我的真命天子！

　　只不過，結婚不只是兩個人的事，兩家人的許多人要照顧、更多事情得擔負，再加上後來開始上夜班，時間較難配合，我開始無法常去瑜伽中心跟大家一起練習，而改為自己在家裡做，沒有團體的帶動後，久而久之就慢慢由一天一次，到一週四次、三次、一次……終而停止練習，並遠離瑜伽中心。

2

「龜息法」是心力交瘁時期的定心丸

第二次機會，是在認識曉雲法師之後。曉雲法師除了讓我更深入佛法奧義，也傳授我「龜息法」。

龜息法進行時，需要先雙腿盤坐在蒲團，然後將眼睛閉上，把注意力向內收攝、讓內心平靜下來；接著眼觀鼻、鼻觀心，重複著專注觀照，約莫一炷香的時間，完成靜坐。

那時候，正是上有公婆、下有孩子需要照料、最忙碌的階段。早上，我必須安頓好三個孩子，為公婆準備早餐，再趕忙著上班；下班回家煮飯、洗衣、做家事，唯有全家大小事都告一段落之後，才有屬於自己難得的清閒片刻來靜坐。「靜坐」對於當時的我而言，是非常重要的支持力量，無論是在醫院照護病人的壓力、料理家務的匆忙緊張、看顧公婆的身心疲累……統統在靜坐中，一點一點地釋放消融，再慢慢恢復自己的元氣。換句話說，如果沒有靜坐幫我充電，必須內外兼顧、忙得透不過氣的我根本難以度過那幾年。曾經，我還將阿南達瑜伽體位法結合龜息靜坐，自成一套靜心方式，有需要時便做一下，效果還挺好的，可惜太過隨性，在尚未

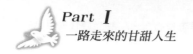
養成習慣前，又漸漸因疏於練習而中斷。

　　然而，阿賴耶識已埋下種子，讓我後來接觸到超覺靜坐時，不只體驗靜坐在身體、精神上的修復，更經驗到心靈層面的淨化與進化，並享受其中。

「能量養生法」循序漸進調理體質

✿ ✿ ✿

　　愛滋病在民國85年的「雞尾酒療法」誕生後，擺脫了21世紀黑死病的陰影，我所照護的患者病毒量及CD4淋巴球數（CD4為人類免疫系統中具有CD4模組的免疫細胞，為重要的免疫細胞）也都能長期控制在小於400的安全範圍內。然而，長期服藥的缺點是病毒的抗藥性，所以必須不斷地換藥，且藥物本身對人體就是負擔，必然有副作用。開始有愛滋病人尋找中醫、自然療法、能量醫學來搭配治療，「能量養生療法」便是從一位病人那兒聽來的。

　　有一天，這位病人告訴我：「要不要找更多人來一起『玩氣功』？」接著便介紹這個由山東一位張姓外科醫師創始，現在弟子——飛雲子老師在臺灣所提倡的氣功療法。他試過這療法一陣子之後，發覺精神變好，一些原有的身體不適都獲得改善，希望我來召集更多人一起來練習，團體共振的磁場更大、效能更好！的確，這位患者那陣子的各項指數都控制得很好，甚至有轉好的趨勢，我聽了，相當有興趣。於是詢問了更多病友的意願，自己和好幾位醫護、行政同仁也都一起學，後來一共召集了20幾個人來練習。我更

負責記錄他們的CD4（免疫細胞的測量）了解練氣功之後，大家免疫力的改變。

飛雲子老師是一位南非的白人，因為妻子是華人，以簡單的國語溝通不成問題。執行時，每個人排排站，面向前方，老師的手輪流放於大家的後背，引導能量上升，我們的身體會感受到一股氣流由腰椎上升到頸部，而不由地跟著氣流搖晃起來，就這樣一個一個晃動起來。搖晃程度視每個人不同的身體狀況而定，有的人溫和，有的人激烈，有人甚至因為太劇烈而最後不支倒地，過程中，老師會播放類似竹笙吹奏的音樂放鬆大家的心情。

好轉反應後，健康隨之改善

剛開始一週三次，以密集的練習快速提升每個人的能量，並排出內在毒素，大家的身體紛紛出現變化：有的人頭皮屑變得很多，有人身體排出濃稠的分泌物，有人感到極度搔癢、極度疲倦，還有人出現心情上的低落和悲傷，老師請大家不用擔心，因為這都是好轉反應，排出身體不需要的東西後，體質就能加速轉好；三個月之後，身體逐漸穩定，則改為一週一次，這時許多人都表示睡眠變好、變得有活力、便秘改善、性生活品質變好（長期服藥會影響陰莖勃起）等等；而所有參與的人，每兩週抽一次血，紀錄CD4的變化，就這樣持續了一年。

而我在大約紀錄半年、看到免疫力數值明顯提升後，受邀到美

國聖塔芭芭拉大學發表這項實證結果。然而一年後，有些人覺得自己在家練習效果也不錯，而退出團體練習，就這樣人慢慢變少，課程也自然隨之結束，「能量養生療法」便成為回憶的一部分了。

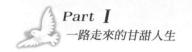

超覺靜坐，讓我朝向「啟明」前進

※ ※ ※

之前這幾次靜坐、能量養生的機會都難以持久，可能是因為學習背後的動力，是一個團體、一個重要的人，而不是自己，當這些人事物的影響減少或消失了之後，動力便慢慢不見。然而這次學習「超覺靜坐」則非常不同，「超覺靜坐」不僅讓我一次次體會到靜坐的效益，享受其中的寧靜，也讓我感受到「與自己在一起」那種放心和舒服，自然吸引著我繼續做、重複練習，而且一到固定時間，身體就自動想向內沈潛……這種美妙的感受難以形容。

其實，我是繞了一大圈，才真正進入超覺（超越覺知）的世界。

♡ 沉穩、內斂、堅強的Lucy老師

我的超覺靜坐（TM）老師是華人地區第一位超覺靜坐老師——張潘秀江、Lucy老師，她曾擔任女青年會總幹事，相當優秀，也因為夫君是外交官，曾到許多國家，眼界和心胸都相當開闊。她

化育的數千名學生中不乏政商名流，譬如蔣緯國將軍、文化大學創辦人張其昀先生等人都是她的學生。然而，認識她的時候，我從沒聽她說過超覺靜坐，也不知道她是靜坐老師，更沒聽過這些風光的故事，低調的 Lucy 老師在我們認識五六年後，才不經意讓我知道她有規律靜坐的習慣，直到八年後，我才真正透過她學習到這影響我至深的靜坐。

我跟 Lucy 老師是在榮總認識的，那時她的先生（張先生）是我腎臟病房的病人，長期戴著呼吸器且意識不清，同時又必須洗腎。由於 Lucy 老師氣質非凡、謙遜有禮，即使幾度張先生情況危急，她都冷靜應對與處理，令我印象深刻。所以每次巡房，我都會跟她點個頭，打聲招呼。有一天，護理長跟我說：「張太太想跟您談一下。」原來，她因為張先生數週以來一直維持這個狀況，始終沒有好轉，看來痛苦難熬，她至為心疼，當得知我負責安寧病房之後，想多做了解，聽聽我的建議，看看轉病房的可能性。

那時申請安寧病房的條件，除了不能戴呼吸器，還需要所有家屬簽字同意；我告訴她：「這件事也必須徵求孩子們的同意。」Lucy 老師雖然不捨，仍含著眼淚點點頭，於是包括主治醫師、我、護理長、護理師在場，為她與孩子們開了個視訊會議，將遠在荷蘭、上海的孩子們和她共同在線上會面，一起做出這個決定。

那天，Lucy 老師先跟孩子們說：「爸爸這個情況不知道要維持多久，他雖然說不出話，但我看他很痛苦、很難受，想拔管讓他結束痛苦，你們了解媽媽的心情嗎？你們同意嗎？」我看著這位勇

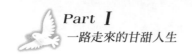

敢的媽媽與三個孩子透過鏡頭哭成一團，四顆心緊緊相連，最後，孩子們紛紛含著眼淚表示同意拔管，也安慰媽媽不要太難過。畢竟Lucy老師一個人在台灣處理這麼艱難與令人遺憾的事是多麼不容易。

得到家屬認可後，我便為張先生安排好安寧病房，並準備拔管事宜。我們跟主治醫師與腎臟科醫師都討論過之後，特別選在白天進行。

當護理人員進行拔管時，我一面輕輕對張先生說：「張伯伯您好，現在家人看您又洗腎又插管，還說不出痛苦，都不希望您繼續再受苦下去。」「為了要讓您去更舒服的病房，現在必須要把管子拔起來喔！」拔管後，也立即為張先生接上氧氣罩，隨即平安轉送安寧病房，時間銜接得剛剛好。第二天，看他狀態平穩，為他洗了舒服的超音波澡，Lucy老師看他面色紅潤，也安心地笑了，在兒女們陸續回來與陪伴之下，五天後張先生安然離世。

Lucy老師對於安寧病房所做的一切服務非常感謝，很欣慰先生能在這樣舒服的環境走向人生終點。而我們因此結下的情緣，甚至擴及到我的家人，家中三個女兒都很喜歡總是掛著微笑、說話不疾不徐的她，親熱地「張奶奶、張奶奶」喚著她，我先生也很敬重她，只要Lucy老師有需要，他都義不容辭地過去幫忙。

後來，Lucy老師因為植牙問題，我介紹在新竹的牙醫弟弟為她看診。那一陣子，我和王大哥載著她去新竹，等她看完牙、休息一下、麻藥退了，大家會一起找個地方吃飯，再回台北。回程的路

上，總有一段時間Lucy老師會說：「現在我們不講話喔，我想靜坐一下，只要20分鐘。」接著，就閉上眼睛。此時，車子裡，除了隔著窗呼嘯而過的風聲之外，還有一股寧靜而恬適的氣氛，同車的我們也跟著感染到這靜坐的能量。20分鐘結束後，她張開眼睛，便是一副紅光滿面、神清氣爽的模樣，我心想：「這個靜坐，好像真的不錯！」曾學過阿南達瑜伽打坐、龜息法，我心想這靜坐跟其他的靜坐，只是名稱不同，內容應該是大同小異，所以也沒有再繼續探究。

有助全腦開發，太厲害了！

直到兩年前，我跟Lucy老師閒聊中問到：「您常在做的是哪一種靜坐？」這才聽到「超覺靜坐」（Transcendental Meditation，TM）這四個字，也才知道她不僅學習數十年，還是台灣第一位TM老師呢！驚訝之餘，更有興趣了解什麼是「超覺靜坐」，它有什麼特別之處？Lucy老師簡單介紹TM的特色，當她說完超覺靜坐能穩定大腦神經系統，幫人們紓解日常的壓力、緊張，覺得比較輕鬆，可以睡得比較好……之後，「它還能促進全腦發展。」「科學家統計，目前人類只使用了5%的大腦區塊，超覺靜坐還繼續開發那95%的領域，這部分已有科學研究證明。」這「全腦開發」是多麼地吸引人，令我雙眼為之一亮！因為不光是已經開始忘東忘西的我非常需要提升腦力，正值事業發展的女兒、女婿當然也需要更多

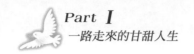
更好的idea，就連小孫子們也需要，如果他們能從小就學會這門技術，大腦和神經系統的發育必然更完整，這樣對各種學習和發展一定都很有幫助！「太好了，我要學！」我不但自己學，還要讓全家大小都來學，這靜坐法太實用了！

只要20分鐘，規律練習就看到改變

很快地，我就跟Lucy老師學習，我發現它比我想像中還簡單許多。第一，在姿勢上，它不必像以前所學的靜坐，必須單盤或雙盤，只要以自己覺得舒服的方式坐好即可，所以隨時隨地都能靜坐。第二，它只要20分鐘就能完成深度休息，這實在是很神奇！有了滿滿的心得，我便鼓勵女兒、女婿也來學靜坐，等孫子們滿五歲之後，就能來學習適合孩子們的「靜走」，到時候全家一起練習TM，全家都在大腦高度協調狀態，這是多幸福的事！

剛開始，因為忙於安麗的事業，我並沒有貫徹一天早晚兩次的靜坐，頂多早上那一回合，所以只有每次練習完之後，覺得精神特別好、心情很放鬆，但整體來說，沒有太大的不同。

後來，有機會參加住習（外宿的共同練習，三天兩夜或四天三夜不等）以及靜坐中心的團體靜坐。透過這些活動，與老師們互動頻繁，接觸創辦人瑪赫西大師更多的維德知識，也同時結識更多靜友（超覺靜坐練習者），聽著他們的練習心得與改變，了解到有人學習後變得更有自信；有人脾氣變好、跟家人朋友的關係更緊密；

有的人才正想著，心願就立刻實現了。我才發現，原來規律靜坐就能把良好的狀況穩定下來，讓生命朝更好的方向前進，一天兩次的靜坐竟然如此重要！這時，我也知道了「學習TM」只是有門票，「規律練習」才是真正讓自己進化、有所改變的不二法門。因此我必須把下午的靜坐補齊，每天做好做滿才是！

問題是，我每天下午到晚上的行程，不是開會，就是談工作，或送商品給客戶；即使在公司，也是參加課程或小組聚會，似乎很難空出時間靜坐，然而「改變不是用想的，要先做出來！」唯有開始著手進行，才有機會改變。於是，我決定善用通勤時間來靜坐，不論在公車、捷運上，只要有座位，便閉上眼睛享受這靜心時刻，就算偶爾不足20分鐘，做多少即算多少，老師們也常說：「早做總比晚做好，少做也比不做好。」只要有做，就有一定的成果；慢慢地，我也會利用會議或課程告一段落的空檔，找個安靜的角落，閉上眼睛開始靜坐。奇妙的是，當身體習慣在一定的時間處於寧靜狀態，時間一到，便自動想靜下來，而我也學會排除萬難，找機會、找地方好好完成靜坐練習。

超覺靜坐教會我的事

閉上眼睛、進入超覺之後，有一種難以形容的滿足、安全和喜悅感，而且更能內觀，向內覺察並檢視自己，思緒不再像風一樣東飄西蕩。練習TM常常是我靈光乍現的時刻，有時，令自己心神不

寧的原因一下子便昭然若揭；有時，百思不解的問題，也突然就找到答案，甚至同時想到解決方法和資源呢！此外，在人際應對上的敏銳度也提高了，對方是真心誠意？還是浮誇畫大餅？我都能立即感受到，連第一次見面，也能看得十之八九。正因為具備更靈敏的第六感、能觸碰對方深層的感受，與朋友間的交流就不止在言語與表面，彼此也會聊得深入許多，默契也更好了。而有趣的是，有些一開始說大話的朋友，在我用心對待、與他們溝通交流後，慢慢懂得收斂，不再說得天花亂墜，因為他們知道，我已看出他們內心的不安和心虛，不如一起實實在在做事才愉快。

此外，「心想事成」也是學習超覺靜坐後經常發生的事。比方說，正想約一位好久不見的朋友，還沒打電話，便遇到他了；正想買一件需要的東西，就有人自動送上門來！這樣的巧合讓生活順順利利且充滿著驚喜，心情當然能常保愉快！

因為感受到練習TM有這麼多好處，我除了提醒女兒、女婿規律靜坐之外，也隨緣分享給身邊的其他朋友，因為若是更多人一起學習，使得大環境的集體意識更和諧，台灣變得更平安，這不是我們的心願嗎？

有一次跟一位理念相同的靜友聊天時，她說：「既然TM在國外有600多篇有益健康的相關研究報告，甚至連美國心臟科醫師都正式用作處方，台灣的醫生也應該來好好認識超覺靜坐，看如何幫助他們的病人。」「督導，您認識這麼多醫師，就由您把他們帶進來吧！」一語驚醒夢中人，的確是捨我其誰！但要慣用理性腦、不

容易鬆動的醫師接觸心靈學領域，並不是一件容易的事，所以我列了一個小名單，優先考慮有虔誠信仰、已修行，或者對心靈成長有興趣的醫師。

在 SARS 期間，對控制疫情有功的「抗 SARS 英雄」顏慕庸醫師，是我腦海裡浮現的第一個人。

顏醫師是振興「感染科專責病房」的主任，「感染科專責病房」是專為應對 Covid-19 而成立的醫療小組，主要負責治療中度與重度新冠肺炎的感染者，也包括康復後仍出現各種後遺症的年長新冠病人。我跟他是認識多年的好友，當我一聯絡上他，只跟他提到一個對健康很有幫助的靜坐技術、想約他來認識時，他一口便答應了，至為爽快！

那場有他，有 Lucy 老師等人的餐會上，他初次了解超覺靜坐的各項效益，在聽到「超覺靜坐有助神經系統的正常運作」，顏醫師的眼睛一亮，主動提到最近有位新冠的門診病人，雖然確診時不算嚴重，然而康復後留下一個棘手的後遺症，那就是病毒攻擊了神經系統，使他的手常不自覺地顫抖，不能提筆、不能舉物，連飯都無法好好吃，相當辛苦。一個多月來，他和腦神經醫師、精神科醫師多次會診並安排搭配復健，卻始終未見病人明顯改善。超覺靜坐讓顏醫師的治療找到新的嘗試方向，於是當場表示願意介紹病人試試。

一週內，我安排了病人和太太一起聽 Lucy 老師的說明會，顏醫師也全程陪同，當他看到一連幾張「大腦空洞」的斷層掃描時

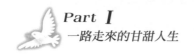
特別有感，「這些因酗酒、吃禁藥或大腦受傷而產生的空洞現象，表示大腦的傳導功能出現問題，以致神經系統不能正常表現。」反之，若是藉TM帶動全腦發展、加強神經系統的傳導力，神經系統變健康，恢復健康便有望了。

「這邏輯相當清楚！」病人和太太兩人解開愁眉，似乎終於看見曙光，立刻表達學習的意願，「我們兩個人都要學，而且愈快愈好！」後來，醫囑搭配TM後，病人手顫抖的現象明顯獲得改善，三個月下來，已與常人無異。事實證明：以TM搭配腦神經受傷的個案同步治療，是正確而有效的方法！或許這是台灣第一個以「超覺靜坐」為處方的案例呢！我很高興自己有幸見證這一切，讓原本束手無策的人重新點燃希望，並找回健康！

💙 超覺靜坐與佛法

愈練習超覺靜坐，就愈發現與佛法所追求的境界很相似。也許很多人覺得佛法太高深，總是遠在天邊、虛無縹緲、不可捉摸，跟生活很難畫上等號。其實，佛法的精髓在於實踐，如果不能落實於生活中，學佛對我來說便一點意義也沒有。所以，台灣多位得道高僧與法師常以「生活禪」來勸誡世人。譬如：星雲法師所談的「三好：存好心、說好話、做好事」、聖嚴法師提出「心靈環保」、「心六倫」，為的就是讓人們有正確的行為法則可遵循，若人生最終目的在「成佛」、「求解脫」，這些世間法便是最重要的基礎。

超覺靜坐重視的也是現世生活的意識再提升，最終目標在「啟明」（Enlightenment），那是一個智慧通達宇宙萬物，與宇宙萬物合而為一的境界。如何達到這個合一的境界呢？我覺得與佛法很不同的是，超覺靜坐並不是用法則、戒律告訴你要怎麼做，它重視的是意識的提升，只要意識提升，就能做出符合自然律、受到大自然支持的「正確」的事，這一切都是自然而然，而非刻意、勉強去做才完成，我自己就有非常多的體會。

像之前遇到壓力大、心煩氣躁的時候，我總是念《心經》、《大悲咒》來平衡、穩定自己；學習超覺靜坐之後，這種穩定力量更加倍，當壓力來襲，我自然而然能抽離那個「煩躁、壓力大」的我，以旁觀者冷靜的態度看全局，就算心有起伏、波動，也能在靜坐中找回原有的平靜和秩序。這是很棒、很美妙的經驗！

超覺意識的「七種意識」狀態

超覺靜坐所重視的「意識提升」並不是光學習就能擁有，還需要不間斷地練習才能提升，究竟有哪幾個意識？最終要到何種意識層面才能啟明呢？

在瑪赫西大師的知識中，人有「七種意識」狀態。

除了一般人都有的「醒覺」、「睡覺」、「夢覺」三種意識外，練習超覺靜坐，便能超越意識，也就是來到「超覺」的狀態。在這個意識層面，人們能進入最深度的休息，神經系統得以被修

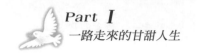
復，生活中的壓力自然能同步清除；由於慢慢潛入內在最純淨的本我，還能有愈來愈精微的體驗，靜坐中人們會感到無邊無界，在這個像是深層海域的萬物同源之處，寧靜與喜悅也會浮現上來（與涅槃、三摩地的境界雷同），回到生活中，也能自然而然變得穩定而喜悅，所做的事也因為順乎自然規律，而獲得大自然的支持，所以願望更容易實現！難怪，我的第六感提升了不少呢！

接下來的第五意識，就是「宇宙意識」（Cosmic Consciousness）。當一次又一次規律地練習超覺靜坐後，靜坐中感受到的穩定、寧靜、創造力與智慧，也更能在生活裡體現，而使得無論是靜坐與活動，純淨的本我都穩定存在，意思就是，原本只有靜坐時才能超覺，現在醒睡夢都時時存在了。在這個意識下，人們不只是醒睡夢都超越意識、心靈層面極為豐盛，物質領域的所有表現，也會因為得到大自然的完然支持，而更加心想事成，所以能活出心靈、物質皆圓滿的200%生命！「活出200%的生命」正是超覺靜坐最吸引我的地方！

然而，到達「宇宙意識」，只是拿到通往啟明之路的門票，用創辦人瑪赫西大師的話來說：「宇宙意識只是生命的正常狀態」，我們還要朝向第六意識「神意識」與第七意識「合一意識」前進。

「神意識」是一種意識更精微的狀態，人不但能感受到造物主的神奇，我們的生命還能與宇宙生命的脈動協調一致，個人的行動和整個宇宙的行動是相互一體的，神透過人來傳達，人就像是神的工具，因此所作所為都不偏不倚、合乎自然律。處於這個意識下，

我們看的不只是現象界的表層，還有形成現象的細微與脈絡，什麼都了然於心，看什麼都美。雖然我離「神意識」還有一大段距離，但光想像這境界就覺得好美、好嚮往，像是天神的世界一般，難怪稱它為「神意識」！

在「神意識」的境界仍有主客體的區分，到達「合一意識」境界時，便是「物我合一」了，此境界更能領略到宇宙萬事萬物都是純意識，也就是本體，「一體性多樣化」的表現，所以能完全精通自然規律，活出萬有可能性，如此的生命無拘無束、無邊無界、也更圓滿完美，不正是成佛、解脫嗎？

參加TM-Sidhi感受到更強大的心智力量

為了增加自己向內的穩定性，也為了追求更高的意識階段，我參加了超覺靜坐的進階課程，TM-Sidhi悉諦課程，因為瑪赫西大師曾說，悉諦課程是加速意識進化、通往宇宙意識的特快車。經過三個月週休二日的學習，以及兩週的瑜伽飛行課程，2023年一月底，我順利完成課程，成為喜達！內心因為更多壓力被釋放掉，而感到無比輕鬆、無比喜悅，此外，還湧現出許多能量，處理事情的能力也變得更好。而且，透過這個在超覺、純意識層面練習投射心願的過程，我的心智更強大、思維更清晰、胸懷更開闊，這對平常忙碌的我而言相當受用！

現在，我不再擔心應接不暇的事物會讓我有所疏漏，只要該

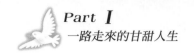

做的去做了，得也好、失也好，一切都是大自然的安排。弘一大師曾說過的五句話：「凡是你想控制的，其實都控制了你，當你什麼都不要的時候，天地都是你的。」、「遇見是因為有債要還，離開是因為還清了。」、「繁華三千，看淡即是浮雲；煩惱無數，想開就是晴天。」、「所願所不願，不如心甘情願；所得所不得，不如心安理得。」、「別抱怨別生氣，世間萬物都有定數，得到未必是福，失去未必是禍。」現在再次讀來，更能確實體會，並融為自己內在的一部分了！

下一個目標，我想帶著女兒、女婿、孫子們一起去美國愛荷華州的瑪赫西大學參觀，如果能參加短期課程那更為理想，體會一下整個校區都是 TM 練習者的氛圍，是和諧、是寧靜、是開闊、是愉悅⋯⋯都希望一一領會，能與所愛的家人們一起感受彼此內在的流動，必定是人生中最難能可貴的旅程。

Part II

十一篇
愛滋生命樂章

「妳不陪我回去嗎？」

——小昭醫師的故事

❋　❋　❋

　　小昭，自幼父母雙亡，生長在姊姊堆中，是家中最小的男生。從小就乖巧聰穎的他，保持優異的成績，升學路上從不需要姊姊們操心，後來順利考上醫學院，當上了醫師，在台北榮總與我同事多年。

　　然而，在高中時期他就發現，當同齡哥兒們的談論話題圍繞在女孩們身上時，他卻一點兒興趣都沒有，他開始懷疑自己喜歡的不是女生？在深夜，坦誠面對自己之際，他慢慢了解自己的性向偏於女生，令他心跳加速的全是同性學長，他對他們總會情不自禁地愛慕著。在那個年代，同性戀不為社會所接受，小昭也僅能隱藏並壓抑自己，或是勉強去認識不同的女生，看看是否能找出一個令自己怦然心動的對象，只不過，這些女孩總是他生命中的過客，不曾在他的心上激盪出任何漣漪。

　　1988年，一趟泰國之行的某個迷濛午夜，小昭竟遇到一位令

自己心醉不已的女孩，並發生他的第一次性關係，小昭知道自己也可以是雙性戀。但對方是一位賣淫者，幾番沉迷與掙扎之後，他還是離開了，小昭雖然也羨慕同學們娶妻生子，並試圖在醫院找到能一起共度人生的女孩，但這個女孩始終沒有出現，他之後的伴侶仍以男性為主，且不固定。

1990年3月，小昭開始出現不適的身體反應，包括：噁心、嘔吐、腹瀉、頭痛、口腔潰瘍。身為醫師的他，警覺到自己身體出了狀況，自動去做了HIV的生化檢驗，結果是陰性。但是他的身體仍非常不舒服，因而住進醫院接受更進一步的檢查，6月份確診為愛滋病（HIV(+)）。1991年，他又發現口腔內長了卡波氏瘤，1993年，因口腔念珠球菌及帶狀皰疹，他再次住院，這次的住院，由於嚴重頭痛，主治醫師為他安排做電腦斷層檢查，而發現是水腦症，水腦症除了令他頭痛，也讓他多次無預警昏倒，還好我們立即為他投藥並降腦壓，將他一次次救回。而小昭的病程發展，也讓我們第一經歷到愛滋的合併症亦會出現卡波氏瘤、帶狀皰疹及水腦症。

住院期間，照顧他的臨床主治醫師為了要確診小昭口腔內是否為卡波氏瘤，而會診牙科，我事先告知牙科醫護同仁必要的防護措施及裝備，但曾與小昭同校且同期醫學院的牙科主治醫師，因太有自信而未穿戴任何防護裝置，沒想到，做切片時刀具不慎碰到動脈因而噴血，一時間動脈噴血的威力直濺醫師的臉上，幸好，醫師戴了眼鏡沒有直接觸及眼球，否則後果不堪設想！可見面對受檢的愛滋病人，醫護人員必須做好完善的防護措施。

　　這一次住院，因小昭病毒量多且免疫力低，醫師判斷他已瀕臨生命末期，我們都相當不捨，小昭也做好了心理準備，說：「最後的日子，我希望回高雄讓姊姊們照顧。」我們即刻為他準備轉院事宜。

　　經過我的協調安排，調度到一輛救護車，可直接送他到高雄榮總。就在一切就續、送他上車，救護車即將出發前的一刻，小昭卻望著我，似乎有話要說，最後虛弱地說：「妳不陪我嗎？」他是多麼無助，多麼需要有人陪伴，念在多年的情誼，我實在不忍拒絕，更何況他的水腦症可能隨時發生變化，讓他陷入昏迷，在這段長途轉送過程中，的確需要有經驗的護理人員隨車應變任何的緊急情況；於是，我當下決定拋開一切，向醫院與家人說明這情形，跳上車一起南下。果真，途中經歷好幾次危險狀況，我也一次次奮力救回，終於在救護車一路鳴笛中，4小時後我們順利抵達高雄榮總，直接將他送入預先安排的病房。

　　臨別前，我看著躺在病床上的小昭，對他笑著，並拍拍他的手說再見，他吃力地擠出一絲微笑且回應：「護理長，再見！」這是我最後一次照顧他了，我們心裡都明白這一別即是永別……

　　在高雄榮總，小昭如願地擁有一段與姊姊們的珍貴時光，向她們做最後的道別、道愛與道謝，一個月後，也在滿滿的愛環抱下安詳離世，小昭的無憾讓我感到欣慰。

最後的默契、永遠的秘密

——林先生的故事

✽　✽　✽

56歲的林先生，是一位台商，有個幸福的家庭，太太是該公司的會計，為他生了一兒一女，孩子們長大後，女兒遠嫁日本，兒子也自組家庭並育有兩兒。由於林先生的事業擴及海外，經常需要出國洽商，就在某次差旅時，因遇到當地的暴動，而現場就在他下榻的旅館附近，所以他不得不被迫停留在旅館兩週，哪裡也不能去，就在某個寂寥難耐的夜裡，他與外面的女子發生了關係。

回台之後，林先生雖然身體無恙，但一夜情讓他心有不安，自覺應有危機意識，便直接到臺北榮總掛號門診檢查，果然發現為HIV(＋)抗體，檢驗後均呈陽性反應，證實為愛滋病，醫師建議他立即住院檢查。當時，林先生的症狀是口腔出現白色念珠菌感染，在醫生給予 Acyclovir 及 Fluconazole 藥物合併治療後，他的情況漸漸穩定而好轉，已可出院回家。然而，回家前，林先生必須要面臨的是，如何向妻子坦承一切，他擔心妻子無法原諒他，極為忐忑不安……

　　站在醫護人員的立場，尤其身為照護愛滋的我自是當仁不讓，主動告訴他需有哪些心理準備、為他建立信心，並幫他分析林太太可能出現的心情及處理方式，讓他將「說不出口的秘密」，以誠心誠意，在平順的方式下讓妻子知悉。

　　就在林先生向妻子說明後，果真妻子相當不諒解，更難以接受，加上當時社會大眾對愛滋病，還無法以開闊理性的心態來看待，所以那樣的衝突與憤怒是可預先想見的，然而，由於我與林太太都是佛教徒，我們有共通的心靈語言，透過我與他夫妻倆3小時不斷地溝通、對生命領悟的對話，終於，慢慢化解了他倆的心結。我進一步幫助林太太如何面對改變，請她先接受先生和她自己所承受的壓力，再說明如何幫助罹病的先生，一起面對病程所帶來的變化。後來，林太太不僅釋懷了，還盡心盡力地照顧先生，而林先生也感念太太的包容與付出，對太太更加愛護與珍惜。在罹病的八年期間，歷經數次的門診與追蹤，即使疾病起起伏伏，夫妻倆始終共同面對、攜手共度難關。

　　2003年，某天週六下午，林太太突然來電請我立即到醫院，原來，林先生因罹癌末期，生命即將走到終點，但口中卻掛念著：「督導來了嗎？」當我抵達病房時，他微弱地握著我的手說：「我即將離開了，請多與我太太聯絡。我很感謝你對我多年的照顧，此生無憾！」當他嚥下最後一口氣，殯葬人員沒多久便帶著裝屍袋走進病房，因為依照原則，只要是愛滋病人過世，必須立刻裝入屍袋移走，並火化處理。林太太立即向我使了眼色，因為那天現場還有

其他家屬在旁，他們並不知道林先生還罹患愛滋病。我不急不徐地
走到接引大體的車旁，將裝屍袋默默移走，讓她當下鬆了一口氣。
原來這說不出口的秘密，只有林太太及女兒知道，連兒子都隱瞞
著，以維護做父親的形象與尊嚴。為了保留先生在親友們心中的美
好印象，太太始終守住這個秘密，讓他安心捨報，好好地離去，而
這個秘密將是兩人最後的默契，也是林太太對摯愛的永遠守護。

「媽媽，你願意原諒我嗎？」

——阿勝的心願

　　阿勝，31歲，未婚，是一名同性戀者，曾有伴侶因愛滋病死亡，讓他體認到生死無常，稍縱即逝，他還認為只要得到愛滋病，就等同被宣判死刑。

　　一天，病房來了一名婦人，衣著講究，手上拎了一大盒體面的高級水果禮盒，通常這樣的禮盒多半是為了公務或生意上重要的客戶而準備。婦人報了阿勝的名字，然而電腦顯示阿勝已請求醫院隱匿他的名字並謝絕任何訪客，我們護理師如實告知，婦人似乎明白但也掩不住失落，停留了半晌不肯離去，最後她猶豫遲疑地問：「我是他的母親，可以讓我見見他嗎？」並表示從南部來，一趟路實在遙遠，可否通融？護理師立刻轉告病人，阿勝掙扎了一下，強忍著淚說：「麻煩轉告她，我現在還好，不會那麼快就走，這裡不乾淨、很髒，請她快離開，我不會見她！」

　　阿勝，是1999年從他院轉來的個案，因罹患急性肺炎後被驗出是愛滋病患者。在臺北榮總治療第一例愛滋病患到現在，已經過

了17個年頭，他是不幸也是幸運，因為即使這麼多個年頭過去，大家對愛滋病仍是不解、避而不談與歧視，其中的冷暖、苦楚非當事人並無法真切感受；然而，這疾病在日新月異的醫學發展下已褪去瘟疫的外衣，出現生機，許多令人欣喜的研究都顯示，愛滋病雖然不能痊癒，但可受到控制，讓病人恢復良好的健康與生活品質。

阿勝來院時，病情已經穩定許多，不必借助呼吸器，而且可以料理自己的日常起居，像是下床梳洗、如廁都沒問題。經過病魔一個月的肆虐後，他俊朗的臉龐雖略顯清瘦，但堅毅的眼神、緊抿的嘴唇，仍透露出他個性上的堅強與獨立，平常總是看見他獨自一人在病房，大都是戴着耳機聽音樂，或稍稍坐起看看書，偶而爸爸會來探訪，除此別無訪客，而且每次的診治或護理後，他都禮貌地笑顏回應，經常把「謝謝！」掛在嘴邊，令人怎麼也想像不到，他會拒絕見自己遠道而來的媽媽。

後來，慢慢從他口中知道了他的故事。他生長於南部的一個小鎮，上有兄姐，排行老么，因為父母離異的關係，他從小就跟著祖母北上居住，爸爸再娶，媽媽則獨居南部。阿勝從小就聰慧過人，國小、國中的功課都不必人操心，後來順利考上植物園旁那所令許多學子欽羨的高中，也是大學法律系的高材生。阿勝與爸爸雖然經常保持聯繫、感情不錯，但他因為看到媽媽的獨立、好強，反而更為她心疼，更與她貼近，從小就希望用最好的表現，讓她開心，甚至要媽媽因他而感到驕傲、榮耀。

這次生病後，事業有成的兄姐們的不諒解，甚至對他產生歧

視，阿勝心裡早已有數，但他最在意的還是媽媽是否諒解，當得知媽媽也無法接受這件事，內心的難過與孤單可想而知。然而多年習於獨處、自己做決定的他，即便心苦、即使需要人陪伴、討論，也一個人承受，不會伸手向任何人求助，即使家人也一樣。身為感染科病房護理長的我，除了每天的例行巡房外，對像阿勝這樣的病人更會特別關注。以當時社會氛圍來看，這群被人們孤立的族群，心中已充滿對未知的恐懼，難忍旁人對自己異樣的眼光，更何況阿勝把自己縮成一個小圈圈，身邊並沒有太多支持系統，我知道如果能重新找回他與媽媽的連結，他就更有力量戰勝病魔，所以會花多一點時間，跟他聊聊天。

　　一開始，我每天都到他床邊聽他講話 20 分鐘，說什麼都好；慢慢的，話題從不著邊際的天氣、新聞，開始到他的童年、家人，以及爸爸媽媽，後來也聊起他的伴侶們，我們幾乎無話不說，他也稱呼我一聲「蘇姐」，願意敞開心胸，談談內心的不安、不堪與原本幽閉的世界。有一次，他哭著來找我，說他所愛的人因火災墜樓而離開了，看著他多舛的命運，著實為他心疼。

　　後來，我知道阿勝不讓媽媽來探訪的原因，除了是一開始媽媽不接受讓他自尊心受傷外，還有不希望媽媽內疚。其實，媽媽也是最疼愛這個老么，在他五歲被迫分開時，媽媽就覺得未能好好照顧他，是個遺憾，當得知他生病後，便先自責未盡到母親的職責，阿勝當然不希望媽媽因他而難過。我瞭解他的想法之後，以人母的立場勸他，告訴他「拒絕探訪」才是最傷，而且兩個人都受傷。最

後，阿勝終於點頭，讓媽媽進病房看他。那天，這對母子，雙雙噙著淚水，兩人的手緊緊相握，「你願意原諒我嗎？」母子兩人頻頻點頭……那一幕到現在，我都還歷歷在目、深受感動。

他出院後，即使近20個年頭了，我們仍繼續保持聯絡。2020年初，在新冠肺炎疫情最嚴重的時候，阿勝用 Line 傳來他所繪製的圖文，那是一隻可愛的頑皮豹，上面也用粉紅色的字寫著：「觀我世界、舉足寰宇、飄零飄零、春光乍現。」讚嘆他的幽默之餘，也想起那年在人情最冷的時節，孤獨的阿勝如何與自己、與媽媽和解，找回愛，那讓人們繼續前進的力量！

「可不可以救救我？」

—— 李先生的故事

❋ ❋ ❋

　　李先生，未婚，是一名同性戀者，家住宜蘭，在台北上班，2008年，他36歲那年，由於長期腹瀉與口腔嚴重潰爛而就醫，後來被診斷為愛滋病，因而立刻入院接受治療。

　　李先生住院後，由妹妹來照顧，妹妹還為了他辭去了工作，顯然兄妹倆的感情相當好。一天早上，我臨時決定到感染科病房做總查房，剛走入李先生病房時，就聽到他微弱的聲音：「督導，你可不可以救救我！」我頓時愣住，仔細看著他：身形骨瘦如柴、頭髮稀疏、血跡斑斑、以無菌治療巾包著頭，顯示傷口已感染到整個頭頂。查房結束後，我專程找他進一步了解他的病況，原來他不僅巨大細胞病毒導致他嚴重腹瀉、念珠球菌造成他口腔潰瘍，帶狀皰疹還引發他多種神經上的病變，情況相當危急，而醫師已經用到第五代抗生素來治療，原本病毒感染，加上愛滋用藥的副作用，讓他腹瀉的最高紀錄達一天31次之多，僅僅20天，就從60公斤瘦到42公斤！

　　由於學習過「生活營養學」，我立即為他做一系列的評估，瞭解他三餐的飲食內容，以便協助他以營養素及食物有效調整體質。原來，醫院的伙食無法滿足他的胃口，即使生病腹瀉，他還是以吃速食、喝可樂為主，而且三餐均外食，吃的全是他自己喜歡的垃圾食物。我問他：「你願意改變嗎？」「你現在的狀況很特別，腸胃需要好消化的食物，可否暫時改吃醫院的伙食？」起初，他一直搖頭，直說：「那個不好吃，又沒有變化。」覺得很勉為其難。我心想，你就是吃這些垃圾食物，當然不夠營養、不能增強免疫力，反而高油脂、高糖造成腸胃負擔，這一天31次的腹瀉，20天掉了快20公斤的體重，不是沒有原因！最後，我只好用激將法：「你如果不想配合就算了，那就繼續拉肚子、繼續受苦吧！」他終於投降，願意配合改變飲食習慣，當下我就幫他訂了醫院的三餐。

　　此外，那時看了《食療與保健》這本書，知道腸道系統是增強免疫力的第一道防線，而給予足夠的優質蛋白質，即有益於腸道健康；李先生長期腹瀉，腸道已受損，儘速恢復腸道健康更是當務之急。我除了建議他飯前補充益生菌外，還提醒他一天最好吃兩顆蛋，或食用優質蛋白為成分的營養素，來補充足量的蛋白質；剛好我隨身會攜帶安麗的優質蛋白素，便全部送他，並幫他加入稀飯裡和著一起吃，飯後還建議他吃消化酵素，讓營養好消化好吸收。

　　經過這樣的安排，李先生才吃了一兩天，腹瀉明顯變少為一天20次；三天後再減為一天10次，兩週後就恢復正常了，體重也回復到原來的60公斤，李先生非常感謝我，我成了他和妹妹口中

的「救命恩人」；而我看他恢復元氣、狀況越來越好，內心也有無限的歡喜與感謝，這位在鬼門關前走一回的年輕人，真被我救回來了！狀況穩定後，他很快就準備出院回家，記得出院當天，李媽媽來接他，我向她道恭喜，媽媽直說：「感謝主！」始終照顧他的妹妹立即說道：「除了要感謝醫師外，更要感謝蘇督導！沒有她用激將法讓哥哥改變飲食習慣，哥哥不會這麼順利出院！」當下我有點尷尬，便靈機一動說：「是耶穌基督派我來幫忙，因為祂聽到李媽媽虔誠的禱告、深受感動！」

永遠是阿爸的孩子

——阿凱的心聲

✽　✽　✽

27歲的阿凱，是家中老二，國中時期就知道自己喜歡男生，但又講不出口，一直忍著與壓抑真實的情感，然而喜歡男生的事實從未改變。當阿凱透過網路希望可以認識能一同攜手的人生伴侶時，就像異性戀一樣，在尋尋覓覓的過程中難免歷經熱戀、爭吵、失戀、重新尋找伴侶的過程，不幸地，阿凱在這反覆尋覓中感染了愛滋，他因此封閉情感，不再想像有伴侶陪伴的未來，更不敢告知父母，於是默默地進出診所，定期拿藥，接受治療。

有一天，他的臉上長了一顆疣，伴隨著發燒、咳嗽。經檢查發現口腔內長了卡波式瘤，導致鼻塞並阻礙吞嚥，必須住院進行化學藥物治療。一開始，他還很有信心地對抗病魔，但眼看沒太大好轉，加上身體的病痛、內心的糾結與封閉，讓阿凱漸漸變得意志消沈、憂鬱，甚至有自殺傾向；父母雖然都來探視，但碰面時三人總是各據一方，互動很少，籠罩在低氣壓下，呈現著緊張僵持的氣氛。有一天，他突然把身上的管子都拔掉，如旋風般衝出病房，我

立刻快步追上他，只見他哭著說：「我要回家！」

從媽媽口中得知，阿凱自小與媽媽的感情極佳，不僅平常會主動談自己生活上的大小事，還喜歡幫忙打理家事，他對媽媽的各種女性用品也非常好奇，而媽媽對這一切早已習以為常，相反地，阿凱與爸爸則保持一定的距離。這次獲悉兒子生病住院，兩人已相當不捨，再得知兒子原來已罹患愛滋多年卻被隱瞞，而且即將不久於人世，內心更是何等難過！兩人來看他時，爸爸經常雙手環抱胸前、用不解甚至對立的姿態，冷漠地坐在病室的角落，媽媽則傷心懊惱，不時喃喃自語：「為什麼我的兒子是同性戀？」躺在病床上的阿凱表情木然，心裡卻極度痛楚，某天聽見爸爸不經意對別人說：「我這個兒子是多餘的！」更教他想尋死、一走了之。

透過醫護人員的傾聽、關心，我們終於跟他慢慢建立了信任關係，我除了舉其他成功的愛滋案例讓他不過度自責、憂慮，也讓他了解可藉由一些疼痛控制方式，緩解身體的不適，在他的理解下，我開始幫他穴道指壓、按摩，一方面促進血液循環、減少疼痛，也幫助他放鬆心情、減低憂傷。我還告訴他：「不要因為疾病而覺得羞恥，每個人都有自己的價值。」企圖幫他找回生命的意義。

然而「死亡」更是一顆如影隨形的未爆彈。阿凱說：「感染愛滋且發病後，我不得不面對死亡，現在死亡不再抽象，是千真萬確的事，但是我好怕死！」我輕輕對他說：「不用害怕生命即將結束，因為這不過是身體壞了，要換一個家。」就像房子若不能再修護時，就需換另一棟新的房子一樣，「肉體生命雖然有限，智慧生

命卻可以歷久彌新。」阿凱體悟到更深層的生命意義後，憔悴的面容似乎露出了一絲微弱的曙光。為了讓他好好告別這個世界，我向阿凱說明預立遺囑與「四道人生」道謝、道愛、道歉、道別，阿凱聽完後，表示唯一放不下的是父母，他希望打破眼前的僵局，取得他們的諒解與支持。

篤信佛教的媽媽，即使不解，仍有較多的包容，也更能理解人生無常，她已準備好兒子隨時會離開的殘酷事實；而個性頑固的爸爸則難以接受、難以化解。其實他們只是選擇性單向溝通，在無預警下被迫面臨事實時，也以自己的方式看待事實，並沒有深度溝通，所有的話全寫在深鎖的眉宇間。當我看出這點之後，便請阿凱的爸爸媽媽一起來，好好跟他說心裡的話，陪伴他最後一程。

那天，他們三人加上哥哥，四人齊聚在病床前，阿凱寫下預立遺囑，並流著淚說出他的心情，希望爸媽能原諒他，希望哥哥幫他繼續照顧父母……同樣淚流滿面的媽媽緊握他的手，不住地點頭，最後爸爸輕輕地說：「你永遠是阿爸的孩子，放心地走吧！」就在雙親的諒解下，阿凱終於放下，安詳走完人生。當時的臺北榮總懷遠堂可供做告別式會堂，我們病房三分之一的同仁參加了他的告別式，場面溫馨感人，然而白髮人送黑髮人的事實，仍不禁教人感傷。

愛是奇蹟，延長幸福！

——飛將軍的故事

❋　❋　❋

　　77歲的老王，是一位飛將軍。進病房的那一刻，依然帥氣爆表，而跟在身旁的太太則一直惱怒地碎碎念著：「你這個死老頭，就是在外面亂搞，才會得這個病！」

　　當下看到這光景，我就明白若是將軍夫人繼續在這煩悶的狀態陪伴他，就算是我們醫護人員全力治療，效果依然會事倍功半。所以，我提議單獨找機會跟她聊聊。

　　夫人說，在她陸續生下四個兒子後，他們便再也沒有履行夫妻同房義務。想想當年才45歲、正值盛年的他，氣血方剛，如何度過幾十年的漫漫歲月？再加上外面世界的誘惑絕非單純持家的她所能想像，我鄭重地告訴她：「將軍今天罹患愛滋，其實妳也有責任。」做太太的一聽很訝異，但似乎也無從辯駁，幾次與她會面、彼此更為熟識後，她終於不再堅持這一切都是先生的錯，放下心中的那股憤怒。

　　「要讓兒子們知道實情嗎？」有一天她問我，於是我建議召開

家庭會議，讓大家說說心裡話。

在這天，家庭會議到來，四個兒子全在場，將軍不顧自己氣虛體弱，當著兒子們的面，顫抖地走向太太，慢慢地跪下，口中說著：「請原諒我！」如此帥氣、有擔當地呈現男兒本色，我相當感佩，一面立刻請他長子把爸爸扶起來，一面對夫人投以熱切盼望的眼神，夫人似乎沒料想到這一刻，深受感動，噙著淚水不斷地點頭說：「好啦！我原諒你、原諒你了！」

在會談的過程中，大家討論到是否讓媳婦們也明白實情？我以多年的臨床經驗，看過太多病人家屬得知的反應，預先提出一些建議供他們參考。後來，大家考量到四位媳婦的個性不一，能毫無疑問、全心付出的是結婚後共組的小家庭，與因婚姻而成為親人的夫家其實有距離，如果突然獲知公公罹患了人人聞之色變的愛滋，內心衝擊可能不小，也難以守口如瓶，不如說是罹患老年人易感染的肺炎，以免衍生後續的困擾。

在將軍住院期間，我不時過去探視並陪同下棋，將軍心情大好，樂不可支，還笑著對我說：「我頭一回見著與病人下棋的護理長呢！」我也很開心，對他說：「如果將軍喜歡唱黃梅調的話，我也樂於奉陪喔！」

將軍症狀改善後，順利出院時，我提醒夫人要如常料理三餐，以營養均衡的食物持續增加體力、對抗病魔，也要請兒子們多回來看看他，此時的病人更需要家人的支持與關愛，這是一帖不可缺少的心藥！夫人當場允諾。後來，我經常打電話給他們，常常是夫人

接的電話，她愉快地向我訴說近況：「將軍吃飽了正休息。」「將軍出門，正在跟老鄰居打麻將！」「將軍去歐洲旅遊了！」……我聽了真高興，這一家人正同心協力地照顧這位老爸爸，一起度過最後而珍貴的時光。

五年後，將軍還是走了，他帶著全家人的愛和祝福，平靜而安詳地永遠閉上眼睛。以當時來說，罹患愛滋的生命期平均為兩年，但將軍雖然斷斷續續住院治療（因免疫力仍會隨著病情持續下降），仍存活了兩倍以上、五年之久，實在難得！這告訴我們，即便罹患這人人懼而遠之的世紀之病，只要家人全心支持、以愛相伴，「愛」仍能帶來奇蹟，延長這份與親人同在的幸福！

「如果我先走了，孩子怎麼辦？」

——母女垂直感染，阿雅的心事

❄　❄　❄

　　年約40歲的阿雅，來醫院時，除了雙親的陪伴，身邊還有一位5歲的女兒，令人訝異的是，母女都是愛滋患者，顯然這是屬於垂直感染的案例。

　　阿雅的先生是個日本人，平常在日本經商，所以女兒是阿雅的爸媽照顧。這次阿雅母女住院，先生亦從日本返台，經過檢測後並未感染。雖然阿雅感染的原因始終是個未曾吐露的秘密，但我們站在醫護人員的立場，除非當事者主動說明，我們並不會深入探索家庭隱私，也不會妄加猜測。

　　阿雅母女第一次住院時，兩人已呈現肺癌的症狀，我們將母女安排同住一間病房，因為孩子太小，還特將兩張病床並排放好，方便阿雅照顧孩子。住院期間，阿雅是大人，按照臨床症狀施予藥劑，但孩子太小，需每天到小兒科病房以點滴治療，等母女症狀緩解後，便出院回家了。

　　當阿雅母女第二次來醫院時，狀況已很危險，阿雅發愁地對

我說：「怎麼辦？如果我先走了，孩子怎麼辦？她一定會受不了、很難過！」而孩子狀況也不好，她擔心會連累自己的爸媽。「如果孩子先走，我還可以打理她的後事。」我建議這位堅強的母親向上天祈求，兩週後，果然應驗了，她帶著矛盾的心情、含著淚送別女兒，說著：「我對不起女兒。」

阿雅在面對死亡的過程中，雖然對父母仍有抱歉、對先生有遺憾，也擔心鄰居朋友知道事實，然而她已做好了準備，也讓一切的一切，隨著她的離去永遠落入塵土中。阿雅走了之後，先生也從日本返台幫忙處理後事，對於他沒有情緒的面容、異常的平靜，我們的印象極為深刻。

這是我們第一次在臨床上面對母女垂直感染，也是第一次治療孩童，再加上妻女感染、先生倖免這無從理解的家庭面向，都是我們當時面臨的問題，所幸在阿雅的祈願下，孩子先走了，她能參與後事，一了徬徨不安的心，最終也坦然面對最後一刻的來臨，一切圓滿。

相愛相離，卻無怨無悔

—— 阿里前妻的一封信

❀　❀　❀

　　我（阿里前妻）在國外認識阿里，從相遇、相知、相戀到結婚，他從沒隱瞞我他是 gay。就在我們決定結婚的時候，有一天他打電話來說，他驗出 AIDS 弱陽性。「我快瘋掉了！」當他如此說的時候，我們分隔 625 公里的兩個城市，電話中我告訴他：「如果你瘋掉了，我會去看你！」他接著說：「那我可能不會認得妳。」我說：「沒關係，只要我認識你就好。」他終於哈哈大笑，笑得很開懷，我並沒有像一般人那樣，跟著他難過，或勸他面向陽光、別胡思亂想，也許這就是我們能愉快相處的默契。後來，我們在基督教堂結婚，結婚的誓言中，我承諾不管對方任何的病痛，都會照顧他。

　　回到台灣不到三年，他發病了，一開始是手指突然長了奇怪的東西，他開始擔心身體出狀況，但不願面對，所以拖了一陣子；身體不舒服影響了心情，那陣子我們常常吵架，後來終於受不了彼此，辦了離婚手續。

　　過了將近一年，他被送進臺北榮總感染科的隔離病房治療，遇到視病如親的護理長蘇逸玲女士，讓他心裡很踏實，護士們也很親切，我想這是蘇護理長的行徑感動大家，使得工作夥伴們也跟著她的步伐前進。可是在當時的社會，很多人對愛滋病認識不多，我看到清潔阿姨進出病房收垃圾時，都怕得要死，總是匆匆忙忙的，我理解他們怕被感染的心情，所以相對之下，蘇護理長率領的團隊以親切笑容照護他們，傳達給病人的是滿滿的正能量，這是非常難能可貴的！有一次，我去病房照顧他的時候，走道上迎面而來一位實習醫生或是見習護理師，他把我帶到一旁，小聲地說：「小姐，我不知道你們是什麼關係？但是這個病究竟有多危險，我們也不是很清楚，所以如果能不來，最好就不來！」我笑笑地謝謝他，我知道這位醫師的善意，所以雖然這建議唐突，我也沒有怪他。

　　那一次治療結果還不錯，所以我幫他辦了出院。出院後，我繼續抽空常去他家照顧他，為他預備適合的水果和食物。然而，每次當我要離開的時候，他就發燒，後來為了方便照顧他，我又很自然地住了下來了。只不過那時候太年輕，不能同理病人的心情，不能體會當時的他其實又緊繃、又脆弱，甚至自卑，在一次的爭吵當中，我覺得他太不知好歹了，一氣之下再度搬走！

　　沒想到一離開，他的身型就開始慢慢消瘦，整個外型都走了樣！後來他又被送進榮總，我立刻想去照顧他，但他虛弱地跟護理長說：「不用，我沒有力氣招呼她。」似乎仍對我不諒解，護理長也覺得不要勉強彼此比較好；而我返回住處後，他卻後悔了，要護

理長跟我說，我直接又拿起行李，飛奔到榮總，見到他那一眼，一切曾發生的恩怨情仇，全部都化解了，誰也不必說抱歉。

接下來，我幾乎24小時都在病房陪他，他確實非常虛弱而難受，一下發燒，一下發冷，不斷循環，他還告訴我骨頭癢，卻抓不到。很感謝那時候蘇護理長，看到病人如此虛弱，同意我們帶一個小冰箱進病房，裡面可以裝一些他喜歡的水果、優格等等，讓他開心，減少身體的不適，因為「喜樂的心是醫病的良藥。」

那時候我讀《聖經》時看到善人會逝世的經文⋯⋯我知道他終將告別人世，也知道他沒有勇氣在眾人面前為他的病得醫治而為主做見證，神終會把他接走，那時候，我的心裡很坦然，也不知道哪裡來的智慧，就是覺得應該跟他有最美好的互動、溫馨的告別。一天，陽光普照，看出窗外，遠處山坡上有不少人在爬山，看來歡樂而有活力，那大的他顯得精神特別好（是迴光返照吧）。我笑著說：「如果這次可以出院，我們就再結婚吧！」他聽了很感動，但也怕委屈了我，告訴我：「妳也真是命苦，天下之大、有那麼多人，但妳偏偏遇上我。」我回應他：「但我們也享受到別人享受不到的愛情，是不是？」在那一天的燦爛陽光裡，我們聊著、笑著、哭著，真的做到了「道愛、道謝、道歉、道別」，最後，我請他放心，我會去照顧他年邁的母親。

由於在臺北榮總受到很好的照顧，善良、體貼的他願意捐出大體供醫學研究，希望能因此幫助更多的人。而當他離開後，主治大夫要求我去驗血，看我是否也帶原，我跟醫生說我們沒有同房過，

應該不會被感染。那時,醫師發出不可思議的驚嘆:「怎麼結婚三年,從來沒有圓房?」不過,我仍依照醫生的囑咐去驗血,一切正常!

人生本來就是一段一段過程,每個人都是彼此的過客,有時翻一頁書,就過了一個世紀;而且人生在世,要學的功課都不一樣,適合自己就好,我對這一切無怨無悔,況且現在許多經常往來的好朋友,都是因他而結識,這些人、這些事都豐富了我的生命。在我心中,這段情感留給我許多眼淚,而更難忘的是美好、繽紛的回憶!

說與不說？都是藝術

——阿成與家人的故事

✽ ✽ ✽

「你們這麼大的醫院！居然沒辦法治好我兒子的病？」暴怒的嘶吼聲從病房的走廊傳到護理站，幾乎整層病房都聽的到，我心中明白又是一位被隱瞞病情的父親，因不知實情而大發雷霆，我們護理人員也只有面面相覷。

兒子阿成，今年32歲，因C型肝炎發作，發燒而住進醫院，症狀治療穩定後，進行化學藥物治療，然而入院時檢查發現已是肝癌末期，他沒有胃口吃東西，只剩下打點滴維持基本的生理運作，一切明白的他簽署了DNR（預立選擇安寧緩和醫療意願書），希望好好走完最後一程。然而，此刻愛子心切的爸爸只看見醫院救不了他、他也放棄治療，並不知道孩子同時也是愛滋病人，病程變化較大，急著取走阿成所簽的DNR意願書，堅持要帶他回中部積極治療，無論如何也要找各種方法讓他好起來。見阿成的爸爸情緒起伏如此劇烈，我立即請他坐下來，由護理同仁幫他量血壓，果然血壓高達180/90！他也被自己嚇到，在我們的勸說下喝杯溫開水，緩

緩他高漲的情緒。

在爸爸不再激動後，我們見難得全家人到齊，而阿成的狀況也堪慮，於是決定安排一場家庭會議，讓這家人把未能說出口的愛和遺憾，有機會通通說出來。這次參加的醫護人員有總醫師、護理長、照顧阿成的護理師和我，家屬則為阿成的爸媽、大姐、二姐、小妹。如何安排座位極為重要，我請阿成的父親坐在會議長桌的主位，左側依序為總醫師、母親、二姐、護理長，右側為大姐、小妹及照顧阿成的護理師，我則坐在長桌的另一端，面對阿成的父親與在場者。

一開始，由總醫師說明阿成的病情及治療方向，但「阿成是愛滋病人」這件事卻始終未能說出口，那是因為阿成住院時，即要求我們對此事保密，尤其不能告訴他的家人，我們必然尊重他的決定；然而他此時的情況不樂觀，恐怕時日不多，而愛滋病真相必須讓最親近的家人知道……這時，我們陷入兩難，說還是不說？如何委婉告知？這告知的藝術在在考驗著我們的智慧。

大家靜默一會兒後，我先提出問題：「請媽媽回憶一下，阿成小時候比較喜歡玩什麼玩具？」媽媽說：「阿成小時候就很黏我，喜歡到廚房幫忙洗菜，最喜歡的玩具是芭比娃娃！」我說：「喔！通常小男生會喜歡玩小汽車或有人頭的小紙牌，難得他喜歡玩女孩子愛玩的芭比娃娃！」阿成的大姐似乎早已意識到阿成的性別傾向，立即接著說：「弟弟比較像女生！」接著我又問：「一般人出社會之後多少會交男女朋友，請問阿成有帶過朋友回家嗎？」媽媽

說：「有啊！不過他都是帶男生回來，吃過飯之後就上樓，房門一關就好久！」我說：「有曾經帶過女孩子回家嗎？」媽媽不加思索地回應：「沒有！每次都是男的朋友，我當時也沒在意。」此時，阿成的二姐已聯想到「同性戀」，不禁小聲問到：「那，他是這個病嗎？」我告訴他們，阿成的血液中已驗出某種病毒，必須終身服藥才能控制。小妹和大姐異口同聲地再三確認：「是愛滋病嗎？」

長桌另一頭的父親像是洩了氣的皮球，癱坐在椅子上，臉上佈滿不可置信卻無奈的表情，好像受到重創一般。當下的氛圍凝重、沉默，全家人一時間無法接受，那是一種難過與難堪交織的情節。此時，總醫師勸爸媽：「請你們多關照阿成的心情，他因為得了愛滋病不敢告知你們，內心也非常痛苦、非常掙扎，他不是不願意說，而是怕你們擔心，或許這也是阿成表達孝順的一種方法。」

我接著說：「其實，阿成罹患愛滋病已經 8 年了，最近這兩年，還好有位朋友願意來照顧他，讓他病情有時好轉，心靈也有所寄託，真的多虧這位朋友的陪伴。」沒想到阿成爸爸竟衝動地說：「是不是他傳染給我兒子的，我等一下就去揍他！」我們連忙解釋：「你們反而要謝謝他，如果沒有他，阿成不會有這麼妥善的照顧！」正是因為阿成的癌細胞已擴散到第四期，導致呼吸困難，我們必須通知家屬，否則在尊重病人意願的前提下，他爸媽並無從得知。

眼看，事實就在眼前，再怨再怪罪也改變不了，爸爸幽幽地嘆了一口氣，說：「我家開相命館，我一直在幫人算命，當然唯一的

兒子要算得更仔細，不過他小時候我算完命盤後，怎麼看都無法相信，甚至又找好朋友算一次，結果都是一樣。」此時大家已心知肚明這命盤的結果了，「女兒身，這可怎麼能嘛！我多麼希望不準！但現在不得不信……」趁這個氣氛漸漸趨緩的機會，我說出安寧療護的四道人生「道謝、道愛、道歉、道別」，希望他們好好完成這四件事，讓阿成隨時可能熄滅的人生沒有遺憾，有著與家人相互的釋懷與感恩。

接下來，要開始做了。我先對父親說：「等會兒，你進房對兒子要說這四句話：我感謝你當我的兒子32年（道謝）；你是我的心肝寶貝，我永遠愛你（道愛）；對不起，我沒有從小培養我們父子彼此之間的默契，所以不了解你，讓你受苦了（道歉）；你的姊妹們會照顧我和媽媽，你可以放心的走（道別）。」爸爸聽完，忍不住老淚縱橫，哭出了聲音，而身邊的媽媽和姐妹們更是哽咽不已。回到病房，我跟阿成大致說了接下來要做的事，並告訴他：「爸爸進來後，你要跟他說這四句話：感謝您32年來的養育之恩（道謝）；這輩子您和媽媽還是我的最愛（道愛）；對不起！讓你們操心了，我內心不安，無以回報（道歉）；我即將要走了，無法再事奉您們，希望來世再見（道別）。」當他們父子在病室互相道出這四句話後，彼此都放下了心中的重擔與糾結，圍繞在阿成病床旁的媽媽與姐妹，也在釋懷之餘，流露出一絲欣慰的神情。而這兩年來一直守護阿成、不離不棄的夥伴則緊握著我的手，感動與感謝之情不言而喻。

遲來的真相，還一個清白

—— 阿芬的故事

✿　✿　✿

　　民國 80 年，阿芬送來我們感染科病房的時候，她已經知道自己是被確診的愛滋病人。當時雞尾酒療法尚未問世，一旦被確診愛滋病，平均餘年為 2~3 年，除非病人攝取很好的營養及堅定的信仰，餘命或許可被延長，所以阿芬明白她即將不久於世。

　　就像照顧所有愛滋病人一樣，我們總是盡一切的可能幫助他們，對阿芬也不例外，在我們悉心的照護下，阿芬兩年後過世。

　　然而，她究竟如何被感染始終是一個謎。阿芬的先生檢測過，自己本身並沒有愛滋病，甚至阿芬的小姑也一再表示，以哥哥的人品，不會做對不起太太的事。所以這感染從何而來，到阿芬過世時都沒有答案，阿芬的先生也一直背著莫須有的罪名，始終無法釋懷。

　　就在阿芬最後一次住院到離世的這段期間，病房裡來了一位從腎臟科轉來感染科的短期見習醫師，他正著手進行有關愛滋病的研究計畫，所以對找不出阿芬感染的原因相當好奇，想深入探究，

於是他開始從生活、病史……各方面做了解，在他鍥而不捨的追查下，最後終於查出阿芬在74年曾因為子宮有異狀必須開刀，那個時候，阿芬選擇在其他醫院施行手術，很不巧地，當時手術中所輸的血液，後來被證實有愛滋病帶原，也就是她是透過輸血而被感染。包括當時施行手術的醫院、護理人員、阿芬自己和家人都不知道當初埋下了這顆致病的地雷，而最後終將引爆。還好遇到這位見習醫師抽絲剝繭地解開了謎團，也還給阿芬先生一個清白。

阿芬的先生對這遲來的真相感到欣慰，然而無辜的妻子因為輸血的失誤而染疾，清楚地知道，妻子這段過程無論是面對愛滋病、還是健康的每況日下，每天都充滿恐懼與擔憂，更遑論「她到閉上眼睛的那一刻，也還不知道一切究竟如何發生？」現在真相大白，即使他要告當初的醫院、還一個遲來的正義也於事無補，因為這無法挽回的遺憾，已在他心間留下一個永遠的傷痕。

「你要有尊嚴的活下去！」

——甘先生的故事

✻　✻　✻

　　62歲的甘先生，少校退伍，在家裡居於主導地位，頗具權威，一直是「我說了就算！」妻子小他20歲，在他眼裡不成熟、不懂事，顯得一無是處，而太太個性溫婉而傳統，即使先生如此，仍逆來順受、忍氣吞聲，夫妻兩人的生活未明顯不睦，但似乎也缺少了什麼。甘先生退伍後三年，閒在家沒事做，又與太太沒有共同興趣，因此在朋友的慫恿下去了三溫暖，更在那裡認識不少同性戀，好奇與誘惑的驅使下，他與陌生同性發生了關係，沒想到，就這樣被感染愛滋。不幸中的大幸是，夫妻兩人後來都沒有親密接觸，所以這五年來，太太平安無事。

　　甘先生是81年4月因發燒、倦怠而尋求醫師協助，而被診斷為「肺囊蟲肺炎」住院治療。一開始，他極力否認被感染愛滋，確診後則不斷埋怨「怎麼會是我？我竟然這麼倒楣！」焦躁不安、易怒的情緒延續好幾天，他開始覺得沮喪，陷在憂慮、絕望的泥淖中，覺得「反正怎麼醫，病也不會好」，乾脆不治療，想回家等死，一

了百了算了；此時，甘太太說話了，她堅定地說：「我不要你自殺，我要你有尊嚴地活下去！」面對太太比自己更堅強，做丈夫除了感動，也有更多的慚愧與尊敬，妻子的有情有義給了甘先生勇氣，他當著我的面對太太說：「一失足成千古恨，我對不起妳，連累了妳！」他已經接受自己就是愛滋病人，也希望得到太太諒解。

甘太太篤信佛教，而甘先生也與佛有緣。原來，當年他拜別母親投考軍校，母親臨別時送給他一尊觀世音項鍊，他說：「觀世音救了我！」原來八年抗戰時，有一次砲彈就掉在距離他大約1公尺處，他心想：完蛋了！但也不放棄希望，大聲唸著：「救苦救難觀世音菩薩！」沒想到砲彈竟真的自動熄滅，從此之後，他對觀世音菩薩有著無比的信念；這次病程中，觀世音菩薩就成了他的支持與力量。

某次，他再度因為發燒、呼吸困難而入院治療時，適巧遇到藏傳佛教的宗薩仁波切正好來台弘法，並到院探望且加持愛滋病人，甘先生覺得何其有幸，竟能親自領受仁波切的開示與加持；當甘先生聽到仁波切開示：「眾生不滅與緣起緣滅，是生命的一體兩面，因為肉體生命，是物質的結構，必有其相應的使用年限，但是，我們內在佛性的生命，是不會斷滅，也不會消亡的。」「生命之輪，永不止息。」仁波切的一席話，安頓了夫妻倆的心。

甘太太在先生住院期間曾對我吐露：「我與外子結婚25年，夫妻相處如冰，兩人相差20歲，觀念差很多，年輕時因為任性，沒有多體會他的感受，常常才講幾句就吵起來，所以乾脆不溝通、不多說話，久而久之，他內心空虛，才會去其他地方找平衡和慰藉。」

她願意在這段可能轉眼就結束的因緣中，好好體會先生的心情，誠懇相待，以彌補過去的不足。而她和先生過去到現在的歷程，也讓她更了解人生幻化，「我不會再任性了，如果情緒一來就念佛，我要改變自己。」她很感謝先生的病，讓她有很大勇氣面對事實，她也感謝醫護人員的仁心仁術，多次將先生從病危中救回來，讓他們有更長的相處時光！而甘先生也重新珍視這段情緣，很看重妻子。有一次，我建議甘太太去整理頭髮，讓自己看起來神清氣爽些，沒想到先生一看以為太太容光煥發，大為吃醋，以為心中另有別人，非常生氣，經過一番解釋，才終於平息妒忌，也可見太太在他心中有相當的份量呢！

　　甘先生的親友不多，只有太太娘家的家屬，我們決定以「肺癌」為病因，以免來醫院探視的親友眾說紛紜、橫生枝節，也減少了甘先生與太太的心裡負擔。甘先生在幾次住院後，病況逐漸愈來愈衰弱，太太希望他能念佛往生，然而他仍害怕，始終不接受「這是最後一刻」，於是我必須想些辦法。一天，我問他：「會不會唱黃梅調？」他很開心，說自己也是凌波迷，於是我們便一起唱「十八相送」，雖然氣若游絲，他仍非常融入其中，當中，我把其中一小段改為「南無地藏王菩薩」，最後也用黃梅調的唱法，唱出「南無阿彌陀佛」做結束；我們連唱了幾次，他似乎很喜歡。幾天後，甘先生在佛號聲中安詳捨報，這給了我一個很大的啟發，對於不同的病人，我們其實可以做客製化、不同的臨終照護，用他們喜歡的方式，送他們最後一哩路。

作者後記

❈ ❈ ❈

　　這本傳記，讓我回顧自己過去的點點滴滴、酸甜苦辣。很慶幸，我不曾被困難所阻礙，不曾因榮耀而忘形，始終本著「助人」的初心，一心向著對的事，做好對的事情，所以在成就眾人之時，我更成就了自己。

　　這一年多的採訪過程中，安寧療護協會、蓮花基金會以及安麗事業都是我的生活重心，而TM則是為我補充能量、讓我維持最佳狀態的技術。這段時間，我還跟撰寫者本瑜因密切合作與投緣，結為忘年之交的好朋友，一起參加靜坐進階班培訓，成為TM瑜伽飛行員……生命的狀態如此穩定、豐富且美好，每一天醒來都是禮物，常令我深深感謝上天的一切安排。

　　「虛空有盡，我願無窮。」未來不知道還有多少事物待我去成就，我只希望每一時、每一刻都處於安穩的狀態，將自己善用到最好；我想效法聖嚴法師，就算這輩子做不完的事，下輩子、下下輩子……都還要繼續進行，直到身邊的人都沒有苦痛，直到所有人都幸福圓滿。期待這一天到來，我深深祝願。

史上最強 寫書&出版實務班

全國最強 **4** 階培訓班，
　　見證人人出書的奇蹟。

素人崛起，從出書開始！
讓您借書揚名，建立個人品牌，
晉升專業人士，
帶來源源不絕的財富。

　　由出版界傳奇締造者、超級暢銷書作家王晴天及多位知名出版社社長聯合主持，親自傳授您寫書、出書、打造暢銷書佈局人生的不敗秘辛！教您如何企劃一本書、如何撰寫一本書、如何出版一本書、如何行銷一本書。

- 理論知識
- 實戰教學
- 個別指導諮詢
- 保證出書

5 改變人生的 **個方法**
一本兼顧理論與實務的
最佳人生指引

TOP FIVE METHODS TO
CHANGE YOUR LIFE

王晴天 著

P 企劃

P 出版

W 寫作

M 行銷

當名片式微，
出書取代名片才是王道！！

《改變人生的首要方法
　～出一本書》 ▶▶▶

智慧型立體學習出版&培訓集團

結合出書與賺錢的全新商業模式
一石三鳥的絕密BM，成就你的富裕人生！

01 被動收入
自己就是一間微型出版商，取得出書經營權，引薦越多人，收入越可觀！

02 出書 1+1
第 1 本書，與知名作家合出一本書；第 2 本為自己著作，坐擁版稅，成為暢銷書作家！

03 高 CP 值
讓你邊學＋邊賺＋出書＋拓人脈＋升頭銜，成為下一個奇蹟！

智慧型立體學習體系，
首創 EPCBCTAIWSOD 同步出版，
也是兩岸四地暢銷書製造機，
如今最新邊學邊賺 BM，
不僅讓你寫出專業人生，
還能打造自己的自動賺錢機器！

目標　行動
智慧　資源

以書導流
以課導客

服務專線：02-**82458318**

地址：台灣新北市中和區中山路二段 366 巷 10 號 3 樓

EPCBCTAIWSOD

指引人生大道的明燈！
真永是真
真理指引の知識服務

跨時代 ☑
跨領域 ☑
融匯古今 ☑
中西互證 ☑

「真永是真」人生大道，

條條是經典，字字是真理！王晴天大師率智慧型立
体知識服務團隊精選 999 個真理，打造「真永是真」

人生大道叢書，每一個真理均搭配書籍、視頻、課程等，並融入了數千本書的
知識點、古今中外成功人士的智慧，全體系應用，讓你化盲點為轉機，為迷航
人生提供真確的指引明燈！

①	1 馬太效應	2 莫菲定律	3 紅皇后效應
②	4 鯰魚效應	5 達克效應	6 木桶原理
③	7 長板理論	8 彼得原理	9 帕金森定律
④	10 沉沒成本	11 沉默效應	12 安慰劑效應
⑤	13 內捲漩渦	14 量子糾纏	15 NFT與NFR
⑥	16 外溢效果	17 槓鈴原則	18 元宇宙
⑦	19 零和遊戲	20 區塊鏈	21 第一性原理
⑧	22 二八定律	23 Web4.0	24 催眠式銷售
⑨	25 破窗理論	26 蝴蝶效應	27 多米諾效應
⑩	28 羊群效應	29 長尾理論	30 AI & ChatGPT
⑪	31 天地人網	32 168PK642	33 路徑依賴法則
⑫	34 預期成本	35 創業SOP	36 聚光燈效應

333 本書

課程演講

影音視頻

999個真理

Mook 專書

……共 999 則

真永是真 真讀書會 生日趴 & 大咖聚

真讀書會來了！解你的知識焦慮症！

　　在王晴天大師的引導下，上千本書的知識點全都融入到每一場演講裡，讓您不僅能「獲取知識」，更「引發思考」，進而「做出改變」；如果您想體驗有別於導讀會形式的讀書會，歡迎來參加「真永是真·真讀書會」，真智慧也！

2024 場次	2025 場次	2026 場次
11/2（六）	11/2（日）	11/7（六）
13:00~21:00	13:00~21:00	13:00~21:00

📍 地點：新店台北矽谷國際會議中心
（新北市新店區北新路三段 223 號捷運大坪林站）

立即報名

★ 超越《四庫全書》的「真永是真」人生大道叢書 ★

	中華文化瑰寶 清《四庫全書》	當代華文至寶 真永是真人生大道	絕世歷史珍寶 明《永樂大典》
總字數	8 億 勝	6 千萬字	3.7 億
冊數	36,304 冊 勝	333 冊	11,095 冊
延伸學習	無	視頻&演講課程 勝	無
電子書	有	有 勝	無
NFT & NFR	無	有 勝	無
實用性	有些已過時	符合現代應用 勝	已失散
叢書完整與可及性	收藏在故宮	完整且隨時可購買 勝	大部分失散
可讀性	艱澀的文言文	現代白話文，易讀易懂 勝	深奧古文
國際版權	無	有 勝	無
歷史價值	1782 年成書	2023 年出版 勝 最晚成書，以現代的視角、觀點撰寫，最符合趨勢應用，後出轉精！	1407 年完成 勝 成書時間最早，珍貴的古董典籍。

> 「真永是真」人生大道叢書，將是史上最偉大的知識服務智慧型工程！堪比《四庫全書》、《永樂大典》，收錄的是古今通用的道理，具實用性跨界整合的智慧，絕對值得典藏！

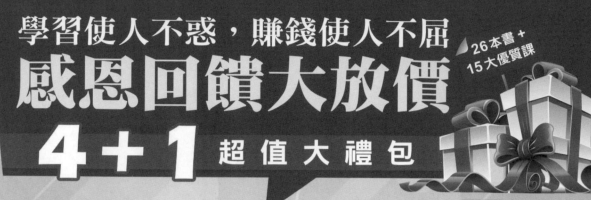

國家圖書館出版品預行編目資料

醫者誓言：一位護理者的心靈奇蹟之旅 / 蘇逸玲著. --
初版. -- 新北市：啟思出版, 采舍國際有限公司發行,
2024.03　面；　公分. -- (心靈Spa ; 65)
ISBN 978-986-271-992-3（平裝）

1.CST: 蘇逸玲　2.CST: 護理師　3.CST: 傳記

783.3886　　　　　　　　　　　　113003036

醫者誓言
一位護理者的心靈奇蹟之旅

本書採減碳印製流程，碳足跡追蹤，並使用優質中性紙（Acid & Alkali Free）通過綠色環保認證，最符環保要求。

出 版 者 ▶ 啟思出版
作　　者 ▶ 蘇逸玲
品質總監 ▶ 王寶玲
文字編輯 ▶ July
美術設計 ▶ Mary

台灣出版中心 ▶ 新北市中和區中山路2段366巷10號10樓
電　　話 ▶（02）2248-7896　　　傳　　真 ▶（02）2248-7758
I S B N ▶ 978-986-271-992-3
出版日期 ▶ 2024年5月再版

全球華文市場總代理 ▶ 采舍國際
地　　址 ▶ 新北市中和區中山路2段366巷10號3樓
電　　話 ▶（02）8245-8786　　　傳　　真 ▶（02）8245-8718

全系列書系特約展示
新絲路網路書店
地　　址 ▶ 新北市中和區中山路2段366巷10號10樓
電　　話 ▶（02）8245-9896
網　　址 ▶ www.silkbook.com

線上 pbook&ebook 總代理 ▶ 全球華文聯合出版平台
地　　址 ▶ 新北市中和區中山路2段366巷10號10樓
主題討論區 ▶ www.silkbook.com/bookclub　　● 新絲路讀書會
紙本書平台 ▶ www.book4u.com.tw　　● 華文網網路書店
電子書下載 ▶ www.book4u.com.tw　　● 電子書中心（Acrobat Reader）

蘇逸玲「甘甜人生」圖像記錄

1. 耳濡目染的醫學世家

▲圖1-1 我的阿公

圖1-2 阿嬤（前）▶
從小教導我最多，是一輩子的恩人。阿嬤活到○歲，在那個年代著實不易。

▲圖1-3 爸爸是優秀的兒科醫師，媽媽是顧全內外的最佳醫師娘，兩人攜手走過踏實而不平凡的人生。

▲圖1-4 家中的孩子都在醫護領域服務，是爸爸的驕傲，也是傳承。

◀圖1-5 下課後喜歡去爸爸診所幫忙，國小的我是名符其實的「小」跟班。

◀圖1-6 初中時代，便是為同學排解糾紛的俠女。

▲圖1-7
大學時代是同學眼中「胖胖、可愛、樂於助人」的逸玲。

◀▲圖1-8 （兩張）班上同學必須住校，大家朝夕相處，感情特別好。

◀圖1-9 與國防醫學院護理系主任周美玉將軍（中）因書法結緣，她也是我的恩師與貴人，更是孩子口中的周姨婆。

◀圖1-10 「不計較、樂於助人」讓我僅服務一年，即晉升為護理長。

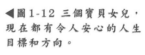

◀圖1-12 三個寶貝女兒，現在都有令人安心的人生目標和方向。

◀圖1-11 感謝老天眷顧，讓我歷經波折，終於覓得一生知己。

▲圖1-13 能與王師兄在紅塵同修共進，是此生最大的幸福。

◀圖1-14 安麗事業讓我結合護理經驗與營養醫學，能幫助更多朋友。

2. 直下承當的醫護濟世

▲圖2-1 民國75年代表北榮赴美了解AIDS的照護與防治，是護理生涯的重大轉庾點。

▶圖2-2～圖2-5 參與台灣愛滋病防治SOP建置後，更應邀前往海內外各地參加研討會，分享心得與臨床經驗。

圖2-2

圖2-3

圖2-4

圖2-5

▲圖2-6 協助台灣安寧照護理念的推廣，四處宣導。

▲圖2-7 追隨「台灣安寧之母」趙可式博士（左三），全面推動安寧療護。

▲圖2-8 為北榮安寧病房（大德病房）催生，舉辦義賣會。當時政界、宗教領袖齊聚、共襄盛舉。

▲圖2-9 連當時的孫越、孫叔叔也義不容辭為我們站台。

◀圖2-10 恩師曉雲法師提供這尊「千手千眼觀世音菩薩」義賣，一起為安寧病房籌措款項。

▲圖2-11 北榮大德病房終於順利設置、啟用，造福無數臨終病人與家屬。

▲圖2-12 民國84年，在北榮提名下，我順利當選為該年「好人好事代表」。

◀圖2-13 民國87年，從當時總統夫人手中接下「護理人員專業貢獻獎」獎狀。

▼▶圖2-14（照片＋剪報）民國91年，成為第14屆「醫療奉獻獎」得主，感受至高榮耀。

▲圖2-15 民國95年，獲選為榮民輔導會醫界的「模範榮民獎」。

▲圖2-16、圖2-17 因照護病人，結識多位影視明星。

▲圖2-18 因著從小寫書法的興趣，我在北榮成立書法社，邀請吳大仁老師（右一）前來授課，並年年在中正樓的「文化走廊」舉辦書法展。

3⁺ 感恩佛緣一路扶持

▲圖3-1 終身的心靈導師——曉雲法師，給予我深遠的啟發與影響。

◀圖3-2 就是曉雲法師的這幅畫，深深打動正生病住院的我。冥冥中牽起法師與我的情緣。

▲圖3-4 西蓮淨苑現任住持惠敏法師，推動屬於佛教徒的臨終關懷不遺餘力。

▲圖3-3 夢參老和尚的「佛法生活化」深得我心。

▲圖3-5 感謝慧觀法師的鼓勵，才有今日這本書的誕生。

▲圖3-6 民國77年我們在北榮成立佛學社，79年首度在醫院設立佛堂。

▲圖3-7 邀請多位得道高僧前來佛堂講座、開示。

▲圖3-8 參與「佛教蓮花基金會」的草創、建置，並協助培訓安寧療護志工。

▲圖3-9 參加弘一大師國際學術會議，並進行安寧療護講座，結識本書的推手紀潔芳教授。

4⁺ 成為醫護的楷模

無論風雨、酸甜苦辣，點滴皆感恩。
不因榮耀而忘形，不被困難所阻礙，
一心向善，成就眾人，也便是成就自我之時。

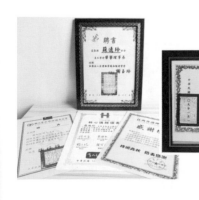